D1750041

Natur in Hessen

Der Hohe Meißner

Unterwegs im Reich von Frau Holle

Herausgeber:	Stiftung Hessischer Naturschutz
Text:	Herwig Klemp Marco Lenarduzzi
Fotos:	Marco Lenarduzzi, Duncan Usher sowie: Horst Ackermann, Claus Chwalczyk, Dr. med. Michael Kitzig, Herwig Klemp, Michael Liewer, Klaus-Peter Reiner, Karin Rühling / Stadt Bad Sooden-Allendorf, Josef Schnaubelt / Foto-IG Bad Sooden-Allendorf, Gerhard Schulz, Günther Schumann, Alexander Scriba, Tourist-Information Eschwege Meißner Meinhard Wanfried, Johann Waskala, Archiv Werra-Rundschau, Wolfgang Zerbst
Beratung:	Claus Chwalczyk, Alfred Dilling

Verlag Herwig Klemp

Titelbild:
Windflüchter auf der Kalbe

Bild oben und rechts:
Impressionen vom Brand der Braunkohle im Frühjahr 2001; siehe dazu Seite 42

Rückumschlag:
Kahlwild

CIP-Titelaufnahme der Deutschen Bibliothek
　Der Hohe Meißner
　Unterwegs im Reich von Frau Holle
[Hrsg.: Stiftung Hessischer Naturschutz;
Autoren: Herwig Klemp, Marco Lenarduzzi]
Wardenburg/Tungeln: Verlag Herwig Klemp, 2001
NE: Lenarduzzi, Marco

© 2001 Verlag Herwig Klemp
26203 Wardenburg/Tungeln

Gestaltung:
　　Norbert Bretschneider, Geisenheim
Repro: CONCEPTDESIGN, Geisenheim
Druck: Druckerei und Verlag Steinmeier, Nördlingen

Alle Rechte vorbehalten. Printed in Germany

ISBN 3-931323-09-9

Inhalt

4	Wo Ungewöhnliches wartet
6	Am Hofe des Königs
8	Das Salz, der Wald und die Kohle
10	Seine Majestät: Der Wissener
12	Die „Anatomie" des Meißners
14	… und reißen ihm den Arm aus
16	Ehrfurcht gebietend, mal auch beängstigend
18	Berg der Frau Holle
20	Geheuer ist es dort nicht
22	Schwalbental
24	Der Wald an den Flanken
26	Hessens zweitgrößtes Naturschutzgebiet
28	Extremstandort Blockmeer
30	Die Seesteine
32	Im Lebensraum der Mondviole
34	Blütenzauber auf Kalk
36	Auf zerbrechlichen Flügeln durch den Sommerwald
38	Von Kreuzottern, Klump-Füßen und Hohlwegen
40	Die Kalbe: Potemkin läßt grüßen
42	Im Horstbereich des Wanderfalken

44	Bransrode: Basaltbruch	70	Und da wären dann noch ...
46	Schnee, der große Zauberer	72	Mit Zähnen und Klauen – Wie Schafe und Ziegen die Vegetation beeinflussen
48	Wo der Sperlingskauz ruft		
50	Der König auf dem König	74	Hüteschäferei – ein fast ausgestorbenes Handwerk
52	Kleinode auf dem Plateau		
54	Von Wiesen, Weiden und Werten	76	Altes Handwerk, neues Management
56	Die Arnika auf der Hausener Hute: Eine Erfolgsgeschichte	78	Und viele Hände halfen: Die Rückkehr des Bewährten
58	Hüteschäferei: Wenn 1000 Schafe das Leben bestimmen	80	Dreiklang aus Mensch, Tier und Natur
60	Karstlandschaft. Da tat sich der Boden auf	82	Anhang
62	Karl Köhler. Ein Zeitzeuge berichtet		
64	Ein Fall für Überlebenskünstler		
66	Bezaubern, täuschen und bestechen		
68	Die sich's leisten können		

Wo Ungewöhnliches wartet

Der Hohe Meißner, König der hessischen Berge: Ein großer kleiner König, auch eher „ein schmales Hemd". Mit 754 m NN reicht er der 950 m hohen Wasserkuppe nicht einmal bis zur Schulter; und auch seine Grundfläche nimmt sich eher bescheiden aus. Dennoch: Seine Umgebung überragt er gewaltig, und aus der relativen Kleinflächigkeit bei ebenfalls relativer großer Höhe folgt ein Klima, das ihn zu einem der Großen im Reiche der Berge macht, einem rauhen Gesellen, dessen Durchschnittstemperaturen in den Plateaulagen etwa denen von Mittelschweden gleichen. Kein Wunder, daß etliche Pflanzen- und Tierarten auf dem Meißner überdauerten, die sonst in Mitteleuropa seit der letzten Kaltzeit fast überall verschwunden sind. So hat die Wolfsspinne (Acantholycosa norvegica) ihr Hauptareal in Skandinavien nördlich des Polarkreises. Sie wurde in Mitteleuropa bisher nur am Meißner, im Oberharz, im Fichtelgebirge und in den Sudeten gefunden. In kühlen Oberläufen der Meißnerbäche tummelt sich der Alpenstrudelwurm, und die Schwebfliegen Sericomyia lappona (alpin) und Sericomyia borealis (hochmontan) wurden beide in Deutschland außerhalb der Alpen erstmals 1957 auf dem Meißner nachgewiesen.

Das mag auch daran gelegen haben, daß unser Berg seit Jahrhunderten die Gelehrten beschäftigt: sei es wegen der lange Zeit rätselhaften Entstehung von Basaltmassen über Braunkohle, sei es wegen seiner Mixtur aus Basalt, Buntsandstein und Muschelkalk – nebst Zechstein zu seinen Füßen. Auch Botaniker bis hin zu Kräutersammlern hat der Berg immer wieder begeistert.

Dank rasch wechselnder Wetterlagen, Felsenmeeren und geröllreichen Hängen ein uriger Bursche, und gleichzeitig wieder charmant mit alpin wirkenden Matten und fröhlichen weißen Tupfern, wenn die Wollgräser fruchten, oder mit gelben, wenn die Trollblume blüht, die Lieblingsblume der Frau Holle.

Das Reich von Frau Holle: auch das Reich zahlreicher Spukgeschichten. Selbst der Teufel wurde gesichtet. Und der böse Lehrer Schuchardt muß am Frau-Holle-Teich auf ewig die Grashalme zählen.

Der Hohe Meißner: Begegnungsstätte am Freideutschen Jugendtag 1913; gelegentlich Skiparadies; Stätte jahrhundertelangen Braunkohlenbergbaues. Der Berg, der nach der Hölle stinkt, weil in ihm seit Jahrhunderten die Kohle schwelt; der Berg mit etlichen reizvollen Wäldern und seltenen Waldgesellschaften.

Zu seinen Füßen eine „exotisch" anmutende Karstlandschaft. Nach der weitgehenden Nutzungsaufgabe in den sechziger Jahren des letzten Jahrhunderts stark verbuscht, haben Forst und Naturschutz in enger Zusammenarbeit mit Hüteschäfern die bizarren Felsen und alten Magerrasen soweit freigelegt, daß sie nun wieder nach alter Tradition beweidet werden können – in Hüteschafhaltung. Wobei die alte „Technik" so eingesetzt wird, daß sie möglichst artenreiche Magerrasen erzielt, daß sie die einst so häufigen, heute aber hochbedrohten Pflanzen- und Tierarten dieser Lebensgemeinschaft schützt und vermehrt.

Dazu redet der Botaniker, Pflanzensoziologe und Zoologe mit dem Schäfer. Gemeinsam planen sie die Beweidung mit dem Ziel, Naturschutz und Betriebsablauf unter einen Hut zu bringen. Danach redet der Schäfer mit seinen Hunden, und die sagen den Schafen, wo es langgeht: welche Fläche zügig überquert werden, welche ganz in Ruhe gelassen werden muß – und wo nach Herzenslust gegrast werden darf.

Dreimal pro Jahr zieht die Schafherde um und über den Meißner: Von der Karstlandschaft hinauf zur Hausener Hute, von dort über den Weiße-Wand-Weg zum Bühlchen bei Weißenbach und wieder in die Karstlandschaft. Wie Jahrhunderte zuvor ziehen damit erstmals seit vielen Jahrzehnten wieder Haustiere auf den Berg, bringen ein Relikt der Almwirtschaft auf das Plateau – und wie in diesem Buch dreht sich auch bei den Schafen fast alles um den Meißner.

Der Meißner: ein ganz besonderer Berg also. Die Karstlandschaft zu seinen Füßen: fremdländisch anmutend, faszinierend, auch ein Lehrbeispiel für modernen Naturschutz und erfolgreiche Kooperation.
Der Berg und die Karstlandschaft: Beide für sich schon herausragend; zusammen ein markantes Markenzeichen für eine ganze, in sich wundervolle Region: das Werra-Meißner-Land. Und für den Naturpark Meißner/Kaufunger Wald.

Mit diesem Buch hoffen wir, alten Freundinnen und Freunden dieser Landschaft eine Freude zu machen, ihr sogar neue Freunde zu gewinnen.

Information und Sensibilisierung zum Naturschutz gehören zu den wichtigsten Aufgaben der Stiftung Hessischer Naturschutz. Mit der Buchserie „Natur in Hessen" wollen wir über herausragende Landschaften Hessens informieren und den Blick für das „Ambiente" unserer näheren Heimat schärfen. Neben der Information wollen wir auch diejenigen unterstützen, die sich in Hessen für die Erhaltung dieser Regionen mit ihren natürlichen Besonderheiten einsetzen. Neben diesem nun fünften erschienenen Band der Serie sind zunächst weitere sieben Bände in der Planung. Jeder Band soll weitere Facetten der herrlichen Natur des Bundeslandes Hessen aufzeigen, bis ein Gesamtbild vor unseren Augen steht.

Unser Dank gilt unseren Sponsoren:
Werra-Meißner-Kreis
Gemeinde Berkatal
Gemeinde Meißner
Verein für Regionalentwicklung
   Werra-Meißner e.V., Eschwege
NOLTINA, Carl Nolte Söhne GmbH und ihrem Geschäftsführer Wilfried Liphardt

Im Buch werden Sie noch von einer ganzen Reihe von Menschen erfahren, die sich dem Meißner und seiner Natur, seiner Geschichte, seiner nachhaltigen, also schonenden Nutzung verschrieben haben. Diesen Menschen und auch all jenen Gleichgesinnten, die wir nicht erwähnen konnten, gilt unser ganz besonderer Dank.

Ulrich Thurmann
Staatssekretär im Hessischen Ministerium für Umwelt, Landwirtschaft und Forsten
Vorsitzender des Vorstandes der Stiftung Hessischer Naturschutz

Am Hofe des Königs

Der Hohe Meißner, König der hessischen Berge. Ein wahrer König wirkt aus sich selbst heraus majestätisch – aber dennoch hat wohl kaum einer jemals darauf verzichtet, seine Bedeutung durch prunkvolle Bauten und glamourösen Hofstaat noch zu betonen.

Das gilt auch für unseren Berg. Sein Prunkschloß, sein Königshof ist das Werra-Meißner-Land – eine wahrhaft zauberhafte Region. Denken wir nur an die Hessische Schweiz mit den runden Buckeln ihrer Hügel, an ihre sich windenden stillen Bachtäler, an das Hochplateau der Gobert, an den steilen Kalkfelsen der Schönen Aussicht und den markanten Kegel der Hörne. Und weiter an den Ringgau, den Kaufunger Wald, den Schlierbachswald; an die Magerrasen an den Hängen der Werra. Weit bekannt auch die Kirschenbestände von Witzenhausen, einfach schön die wundervollen Innenstädte von Witzenhausen, Bad Sooden-Allendorf, Eschwege; und überhaupt die Fülle der schmucken und heimeligen Fachwerkorte!

Wie an jedem Königshof, gibt es auch im Werra-Meißner-Land Stätten der sozialen Begegnung, des Sehen- und-gesehen-werdens in den Stadtzentren und Kurgebieten, gibt es Orte der Bildung in Form zahlreicher Museen und angebotener Führungen, gibt es Zerstreuung durch Kutschfahrten, Boots- und Fahrrad-Verleih, aber auch Konzerte.

Es war sehr verlockend, das Buch dem gesamten Hofstaat zu widmen. Dennoch haben wir uns entschieden, uns auf den Meißner und die Karstlandschaft zu beschränken.
Zwar findet der Naturfreund im ge-

samten Werra-Meißner-Land immer wieder wundervolle Flecken, begegnet er selten gesehenen Arten. Der Meißner selbst und die Karstlandschaft sind aber sicher naturkundliche Höhepunkte dieser Region. Im Anhang schlagen wir einige Wanderungen vor, um Ihnen die aus unserer Sicht beeindruckendsten, besonders charakteristischen Orte und Wege zu erschließen. Sie werden merken: Um auch nur diesen wenigen Vorschlägen zu folgen, brauchen Sie mehr als ein verlängertes Wochenende.
Und nun kommt wieder der Königshof ins Spiel: Wir empfehlen, dem Werra-Meißner-Land mindestens eine Woche, besser deutlich mehr Zeit einzuräumen; sich in einem der schönen Orte einzuquartieren und von dort aus das Land zu erkunden. Dabei nicht zu viel Auto zu fahren, sondern jeder einzelnen Etappe Zeit einzuräumen.
Das Werra-Meißner-Land ist bei fast jedem Wetter schön – und zumindest auf dem Meißner selbst werden Sie auch fast jedes Wetter erleben. Witterungsmäßig hat unser König schon seine Launen!

Die Fotos zeigen einen Gutshof in Wanfried-Völkershausen, die Kirchenruine in Abterode, Kinder im Erlebnismuseum „Waldwichtelhaus", blühende Kirschbäume bei Witzenhausen und die Werraaue bei Hochwasser. Der landschaftliche „Flickenteppich" findet sich bei Frankershausen.

Das Salz, der Wald und die Kohle

Bad Sooden hat einen Schatz im Keller, von dem es mehr als 1000 Jahre lang lebte und auch heute noch profitiert: Nur wenige Meter unter seinen Fundamenten sammelt sich Sole, also salzhaltiges Grundwasser, in zahlreichen Brunnen. Bis zum Ende des 19. Jahrhunderts lohnte es sich, die etwa zwölfprozentige Sole zutage zu fördern und in Pfannen zu verdampfen, um Salz zu gewinnen. Dann lief untertage abgebautes Steinsalz dem in Siedetöpfen gewonnenen Salz den Rang ab; die Soodener Saline wurde Anfang des 20. Jh. geschlossen.

Ein Stich von Merian zeigt Sooden im 16. Jh.: Eine große Rauchwolke liegt über dem Ort, aufgestiegen aus etwa 80 Siedehäusern (Koten; Einzahl: Kot). In jedem dieser Häuser arbeitete ein Södermeister (Siedemeister) mit seinen Gehilfen und suchte, mit möglichst wenig Holz, vielleicht auch schon mit Braunkohle, möglichst viel und sauberes Salz zu gewinnen. Energiesparen war damals ein Thema: Tag für Tag brachten zahlreiche Fuhrwerke im Umland geschlagenes Brennholz herbei, und der enorme Verbrauch hinterließ seine Spuren in der Landschaft.

Ein Mittel, den Brennholzverbrauch zu verringern, waren einst 22 Gradierwerke, von denen heute nur noch eines übrig ist (rechts unten). Mit Hilfe von abgeleitetem Werrawasser wurde ein Wasserrad betrieben, das die Sole auf das Gradierwerk hinaufpumpte. Von dort tropfte es anfangs über Stroh, ab dem 18. Jh. über Schwarzdorngestrüpp in Auffangbecken hinab. Auf diesem Weg verdunstete Wasser, wurde das Salz auf etwa 25 % gradiert (konzentriert), und das auf natürliche Weise verdunstete Wasser mußte nicht mehr in den eisernen Pfannen verkocht werden.

Viel läßt sich erzählen über die wegen ihrer fachlichen Kunst hoch geachteten Södermeister, über die Genossenschaft der Pfänner, also der Siedepfannenbesitzer, die ihr Gewerbe gegen Konkurrenten abschotteten, über das Fuhrgewerbe, das im Meißner-Vorland einen großen Teil der Bevölkerung ernährte, über Salzfuhren bis an den Rhein, über Wein als Rückfracht und die reichen Weinhändler in Sooden und Allendorf. Wer mehr darüber erfahren will, findet im Anhang Einstiegshilfen, denn vom Internet bis hin zum Salzmuseum und zu Stadtrundgängen bietet Bad Sooden-Allendorf viele Informationen.

Hier soll vor allem der Zusammenhang zwischen einst florierendem Wirtschaftsraum, Salzgewinnung, Holzverbrauch, Kohlebergbau und früherem Landschaftsbild hergestellt werden.

Bis vor recht kurzer Zeit nämlich sahen die Wälder am Meißner deutlich anders aus als heute. Zu einem großen Teil wurden sie als Niederwald bewirtschaftet. Bei dieser Wirt-

schaftsform wurden Bäume immer wieder „auf den Stock gesetzt", wurde also die Fähigkeit etlicher Baumarten genutzt, nach dem Einschlag aus ihrem Stumpf neu auszutreiben und dabei mehrere Stämme aufzubauen. Wer Brennholz gewinnen will, hat es viel leichter, mehrere relativ dünne als einen dicken Stamm abzusägen oder abzuschlagen.
Großflächig wurden am Meißner Eichen-Niederwälder gleichzeitig als Lohwälder genutzt. Das bedeutet, sie dienten neben der Brennholzgewinnung auch der „Ernte" junger Eichenrinde. Die darin enthaltene Gerbsäure wiederum war bis 1949 die Voraussetzung für eine florierende Lederbearbeitung in Eschwege. Der enorme Brennholzbedarf, die damit verbundene Niederwaldwirtschaft und die Nutzung des Waldes als Weidefläche: Im ausgehenden Mittelalter war nicht mehr zu übersehen, daß die Grenzen der Waldnutzung erreicht waren.
Da verlockten kleine Kohlestücke in Bächen bei Schwalbental, im Meißner auf Schatzsuche zu gehen; deshalb wurde die Suche nach Braunkohle, wurde ihr Abbau trotz zahlreicher Rückschläge energisch vorangetrieben.
Ausgehend von den Flanken des Meißners, wurde von 1570 an bis kurz nach dem Ersten Weltkrieg im Tiefbau Braunkohle abgebaut. Im Laufe der Zeit wurden mehr als 30 Stollen in den Berg getrieben. Die genaue Zahl kennt niemand. Der Bergbau half, den weiteren Raubbau am Wald einzuschränken.

Das große Bild stammt vom jährlich zu Pfingsten wiederkehrenden Brunnenfest und zeigt historisches Salzsieden. Seite 8 oben das Söder Tor, unten der Eingang zum Carlsstollen, daneben ein seit 50 Jahren nicht mehr bewirtschafteter Lohwald in der Gemeinde Meißner. So „mächtig" wie im Foto wurden die Stämme in den einstigen Niederwäldern nicht, weil die Bäume nach spätestens 20 Jahren auf den Stock gesetzt wurden. Auch trieben dann aus fast jedem Wurzelwerk mehrere Stämme aus. Wenn heute großteils nur ein Stamm aus dem alten Stock austreibt, so deshalb, weil die anderen Triebe entfernt wurden, um den Niederwald in Hochwald zu überführen.

Seine Majestät: Der Wissener

1999, um Ostern herum, sah ich den Meißner zum ersten Mal. Spontan und ziemlich unvorbereitet war ich an einem Nachmittag aufgebrochen, um für zwei oder drei Tage das Meißnerland zu erkunden. An Literatur hatte ich nicht viel mehr als einen Zeitungsausriß über Bad Sooden-Allendorf, die Werra, Frau Holle und den Meißner gelesen. Im Dunkeln kam ich in Allendorf an, um am nächsten Morgen nach einem Blick auf die Karte Richtung Kammerbach zu starten. Als ich auf der Höhe, an der Abzweigung nach Berkatal den Meißner sah, war ich noch nicht sonderlich beeindruckt. Aber ich wußte: Das ist er.

Meinen ersten Blick auf den Meißner sehen Sie rechts. Das Bild ist sehr charakteristisch: Unten schon grüne Äcker und blühender Schwarzdorn, auf dem Berg etwas Schnee. Damit sind wir beim Namen des Meißners, dessen heutige Version erst 1530 in Akten der hessischen Landgrafen auftaucht. Ursprünglich hieß der Berg „Wissener". Dieser Name wurde erstmals 1195 in einer Urkunde des Klosters Germerode erwähnt.

Drei Namensdeutungen kommen in Betracht. So könnte der Name „Wiesenberg" bedeuten; auch „Weissager" oder aber „Weißmacher" im Sinne von „Schneebringer". Letztere Interpretation findet in der Region die meiste Akzeptanz, weil sie so augenscheinlich zutrifft.

Womit bereits eine Fährte zu Frau Holle gelegt wäre, die dort oben wohnt. Wenn es schneit, schüttelt sie gerade ihre Betten, daß die Daunen fliegen.

Und die fliegen noch lange im Frühjahr und oft auch im Herbst und oft ungemein wild. Der Berg hat nämlich seinen ganz eigenen Kopf beziehungsweise sein ganz eigenes Klima. Immerhin ragt der 754 m hohe Berg mehr als 300 oder gar 400 m über sein näheres Umfeld hinaus; sogar 600 m über das Werratal. Auch steigen seine Hänge ab einer Höhenlinie von etwa 600 m über Normalnull steil an.

Das alles führt zu einem rauhen Klima mit oft sehr schnell wechselndem und sich von seinem Umfeld deutlich abhebendem Wetter. Ist es unten sonnig, hüllt sich sein Haupt oft in Wolken; andererseits blicken wir von seinen Höhen manchmal bis zum Brocken, zum Thüringer Wald, zum Knüll oder zum Herkules bei Kassel, während das Tal von Wolken verdeckt ist. Dann sind die fürstlichen Häupter unter sich, und an klaren Spätherbsttagen können Sie mit einem guten Fernglas vom Meißner aus die Fenster des Brockenhauses im Harz zählen!

Fast 4°C liegen die Jahres-Durchschnittstemperaturen vom Meißner-Plateau und vom etwa 30 km entfernten Kassel auseinander. Das ist gewaltig. Und selbst vom Fuß des Meißners bis zu seinem Plateau entspricht der Temperatur-Unterschied einer Verschiebung der Breitengrade von hier nach Mittelschweden. So finden wir auf dem Meißner Pflanzen und Tiere, denen wir sonst nur in den Alpen oder hoch im Norden begegnen – und in wenigen anderen Mittelgebirgen. Genannt sei nur das Purpurreitgras, das hier eines seiner wenigen Relikte außerhalb Skandinaviens bildet. Im Vorwort haben Sie bereits von etlichen anderen Arten erfahren, die in den Mooren und Blockmeeren und Bächen des Meißners seit der letzten Eiszeit ausharren.

Überhaupt versetzt der Berg Naturkundler in Begeisterung: Hier finden wir zahlreiche seltene Pflanzen und einen großen Artenreichtum, weil der Berg mit Basalt, Buntsandstein und Muschelkalk so unterschiedliche Gesteine und Böden bietet, weil sich das Klima seiner Westflanke deutlich von dem der Ostflanke unterscheidet, ja, weil Steilhänge, Blockmeere, Quellen und Bäche, Mulden und Auswölbungen das Standortsklima auf kleinstem Raum wechseln lassen. Aus all dem resultiert auch eine große Unterschiedlichkeit der Boden- und damit der Vegetationsverhältnisse.

Und dann ist da noch der Meißner als Winter-Erlebnis, als urige Felsenwildnis, als Stätte ehemaligen Braunkohleabbaues. Seit Hunderten von Jahren schwelt Braunkohle im Berg, tritt der dadurch entstandene Schwefelgeruch an der Stinksteinwand aus. Zum „Hohen" Meißner aufgewertet wurde der Berg, als auf seinen Höhen 1913 der erste Freideutsche Jugendtag durchgeführt wurde. Der Name klang mir zunächst verdächtig. Tatsächlich aber benannte er eine „Alternativveranstaltung" fortschrittlicher Jugendverbände: eine Gegenveranstaltung zu den 100-Jahrfeiern im Gedenken an die Völkerschlacht bei Leipzig.

Den Veranstaltern ging es darum, der steifen Welt der verstaubten Alten etwas entgegenzusetzen. Heute würde man sagen, es ging beispielsweise um Konsumverzicht, um Lebendigkeit und Erlebnisfähigkeit ohne Alkohol und Drogen, um ein Leben in Solidarität, Offenheit, Freundschaft und Lebensfreude.

Seine Freunde und die Menschen der Umgebung nennen den Meißner liebevoll den „König der hessischen Berge". Je öfter ich inzwischen diesen Berg erlebt habe, desto königlicher kommt er auch mir vor. Wenn man seine Angebote nämlich wahrnimmt, wenn man ihn nicht nur bei schönem Wetter kurz am Sonntag nachmittag abhakt, dann bietet er uns etwas Überragendes, für das ich das Wort „Erlebnis" noch in den Mund nehmen würde, obwohl es durch seine inflationäre Benutzung in Verbindung mit Einkaufsbummel, Restaurantbesuch, Spaßbad und Fahrradausflug eigentlich zum Unwort wurde.

Während sich oben am Berg die Blüten der Märzenbecher im Schnee tarnten, erfreuten sich im Tal die Wiesenschlüsselblumen bereits der Frühlingswärme.

Die „Anatomie" des Meißners

Schon lange bauten Bergleute die Braunkohlelager im Meißner ab, war der Verlauf der Kohlenflöze unter der Basaltdecke des Berges annähernd bekannt – da stritten die Gelehrten sich noch, wie es denn möglich sei, daß große Sümpfe und Moore mit riesigen Mengen vertorften Holzes von vulkanischem Basalt überdeckt wurden, aber keinerlei Zeichen eines die damalige Landschaft überragenden Vulkanes zu finden sei.
Um die Entstehung unserer Landschaft wenigstens grob nachvollziehen zu können, müssen wir uns vom heutigen Landschaftsbild völlig lösen und auf eine abenteuerliche Zeitreise begeben.

Beginnen wir vor etwa 140 Millionen Jahren. Damals wurde, im Zuge gewaltiger Bewegungen in der Erdkruste, das Gebiet an der Unterwerra und damit auch das am heutigen Meißner angehoben. Das ging natürlich nicht von heute auf morgen, sondern erstreckte sich über 30 Mio. Jahre. Und natürlich verlief diese Anhebung nicht glatt, sondern es kam an ihren Rändern zu gewaltigen „Rissen" und Grabenbrüchen, die wiederum die im Laufe von Abermillionen Jahren zuvor entstandenen Schichtungen der Erdoberfläche stellenweise stark durcheinanderbrachten.
Solche Prozesse sind vielleicht besser nachvollziehbar, wenn wir uns die Erdkruste wie ein Geschiebe von Eisschollen vorstellen, die auf einem See schwimmen. Nur ist dabei das Seewasser das Innere unserer Erde, die ja in größerer Tiefe aus glühender, flüssiger Materie besteht.
Der Meißner liegt am Kreuzungspunkt zweier großer Grabenbruchsysteme (denke: Risse im Eis), von denen einer vom Thüringer Wald über Kassel zum Teutoburger Wald zieht, der größere sich vom Mittelmeer über den Oberrheingraben, die Hessische Senke (beispielsweise die Wetterau) und den Göttinger Leinetalgraben bis nach Südnorwegen erstreckt. In der Nähe des Kreuzungspunktes dieser Grabensysteme liegt die Kitzkammer im Süden des Meißners.

Im Alttertiär, nun also nur noch bis zu 65 Mio. Jahre zurück, müssen wir uns das heutige Meißner-Land als eine flachwellige Ebene vorstellen, die mehrfach und über große Zeiträume vom Meer überflutet wurde und dann wieder verlandete. Wo sich heute der Berg weit über sein Umfeld erhebt, lag vor gut 60 Mio. Jahren eine Senke, vielleicht doppelt so groß wie das derzeitige Meißner-Plateau. In dieser Mulde wuchsen in einem subtropischen Klima dichte Sumpfwälder und bildeten mächtige Torfschichten, aus denen sich in einem langsamen Inkohlungsprozeß die Braunkohlenflöze gebildet haben. Zwischen den darüber liegenden, jüngeren Sedimenten und den Kohleflözen der Senke trat dann in mehreren Abfolgen dünnflüssige Lava aus Spalten oder Verwerfungen aus. Die Haupt-Austrittsstelle lag bei der Kitzkammer, was mit der oben bereits erwähnten Schnittstelle zweier Grabensysteme zusammenhängt. Von der Kitzkammer aus ergoß sich die Lava Richtung Nordosten.

All das bisher Beschriebene geschah lange vor dem Auftauchen der ersten Menschen, denn unsere Gattung ist ja erst zwei Mio. Jahre jung.
Die eigentliche Entstehung des Meißners konnten wir dann aber begleiten: Vor etwa 1,5 Mio. Jahren, mit Beginn des Quartär, traten mit einer Abfolge von Kalt- und Warmzeiten Klimabedingungen ein, die Abtragungsprozesse begünstigten: Im Laufe für uns Menschen doch sehr langfristiger Zeiträume, aber bezogen auf die Erdgeschichte ziemlich rapide, haben Wasser, Frost und Wind das Land gestaltet, sind Steine verwittert, sind Böden, Kies und Fels hinweggeschwemmt worden, sind auftauende Hangböden auf noch gefrorenem Untergrund abgerutscht.
Daß der Meißner heute so deutlich sein Umfeld überragt, hat der Berg seinem selbst jetzt noch bis zu 150 m dicken Basaltpanzer zu verdanken: Dadurch widerstand er der jahrmillionenlangen Erosion besser als die nicht von Basalt überströmten Flächen rundum. Der heutige Berg entstand also dadurch, daß sein Umland zu einem Großteil fortgespült wurde.
Auch das basaltbewehrte Meißner-Plateau schrumpfte im Laufe der Zeit um etwa die Hälfte seiner Ausdehnung, beispielsweise, weil Basaltlagen, die ja auf weichem Kalk oder Buntsandstein lagerten, vom Rande her unterspült wurden, zerbrachen und hangabwärts rutschten. An den Berghängen entstanden die Blockmeere, die sich unter der Erdoberfläche teils bis zu den Hangfüßen des Meißners ziehen. Ihre Entwicklung dauert auch heute noch an, nur daß wir es durch die langen geologischen Zeiträume mit unseren Sinnen nicht registrieren können.
Im Nordwesten des Meißners werden die Hänge, unterhalb des Basaltdeckels, von Muschelkalk gebildet, während der Berg überwiegend auf dem im Vergleich zum Muschelkalk älteren Buntsandstein fußt. Im Norden und Osten tritt die noch wesentlich ältere Zechsteinformation an die Erdoberfläche. Dort finden wir die Karstlandschaft, die den zweiten Schwerpunkt dieses Buches bildet.
Daß der Meißner sein östliches Vorland deutlicher überragt als sein westliches, daß an seiner Ostflanke mit dem Buntsandstein und noch weiter entfernt noch ältere Materialien wie Zechstein und die Grauwacke aus dem Devon auftreten, während nur am Westhang stellenweise der jüngere Muschelkalk freiliegt: Das liegt beispielsweise an einer geringen Neigung des Meißnerplateaus und in

grauer Vorzeit der gesamten, damals flachwelligen Region, die nach Osten hin abfällt. So fließen fast alle Meißner-Bäche zur Werra. Nach Osten zu also wirkten die Kräfte der Erosion deutlicher.

Zwischen den genannten auffälligsten Schichtungen finden sich dünnere Schichten, etwa Lehm, tertiäre Sande und Tone, und das ist nicht nur von akademischem Interesse: Die Schichtungen des Meißners führen beispielsweise zu verschiedenen Grundwasserhorizonten und damit auch zu unterschiedlichsten Wasserqualitäten und -mengen.

Den aus Ausgangsgestein, Wasserhaushalt und Klima resultierenden Standortverhältnissen wenden wir uns ganz kurz auf der folgenden Seite zu. Erst eine Mindestkenntnis dieser Fakten ermöglicht, die erstaunliche Fülle seltener Arten, Waldgesellschaften und Lebensgemeinschaften auf dem Meißner zu verstehen.

Foto: Säulenbasalt an der Kitzkammer. Hier hat wahrscheinlich eine Hauptaustrittsstelle der Lava gelegen. Die Gliederung in fünf- und mehreckige Säulen zeigt, daß diese Stelle auch damals zumindest vorübergehend dicht an der Oberfläche lag: die Säulen deuten auf schnelle Abkühlung hin. Ihre fast waagerechte Lage aber besagt, daß der Austrittsschlot später abgekippt ist.

Bei schneller Abkühlung entsteht der harte Blaubasalt. Wo dagegen zunächst austretende Lava von immer neuer über längere Zeiträume überströmt wird, erkaltet sie sehr langsam. Bei langsamer Abkühlung entsteht Dolerit, ein grobkristalliner Basalt, der an der Oberfläche relativ rasch zu Grus verwittern kann.

... und reißen ihm den Arm aus

Manche Bäche am Meißner sprudeln winters wie sommers fröhlich. Etliche versiegen nach längeren Trockenperioden.
Völlig durchnäßt und fast hinweggespült wurden Bergleute einst, wenn sie bei einem Stollenausbau einen Wasservorrat anschnitten.
Die ganze Region beliefert der Meißner mit Trinkwasser – meist hervorragender Qualität. Er bietet uns Menschen damit mehr als einen kleinen Finger. Wir reißen ihm durch übermäßige Entnahme aber fast schon den Arm aus: Quellen fallen trocken und die Buche dringt in Edellaubholzbestände ein, weil zu viel Wasser entnommen wird. Fast alle Quellen des Meißners sind gefaßt, rund 90 % ihres Wassers wird in Wasserleitungen abgeführt.
Unterschiede in der Wasserqualität und Ergiebigkeit teilweise eng benachbarter Quellen werden verständlich, erinnern wir uns an die eine Seite zuvor beschriebenen Schichtungen des Meißners:
Die Wald-, Wiesen- und Moorflächen auf dem Plateau sammeln Wasser aus Regen, Schnee und Rauhreif. Überschüssiger Niederschlag fließt in kleinen Bächen ab. Die Mehrzahl dieser Bäche versiegt in Trockenzeiten. Nur einer der aus Oberflächenwasser entstehenden Bäche führt zuverlässig ganzjährig Wasser: Es ist der Ziegenbach, der weiter unten auch Hollenbach genannt wird. Er kommt vom Weiberhemdmoor und fällt in die Teufelslöcher. Ein Teil seines Wassers wird in den Frau-Holle-Teich umgeleitet, weil der früher in Trockenzeiten fast austrocknete.
Das Schwarzwasser, im rechten Bild oberhalb des Weges zwischen Schwalbental und Seesteinen aufgenommen, speist sich vor allem aus der Schneeschmelze. Schon im Foto, das am 20. März 2001 geschossen wurde, führt der Bach kaum Wasser. Mitte Mai 2001 war er bereits versiegt.

Die Masse der Niederschläge jedoch versickert auf der Meißner-Hochfläche im Boden und im von zahllosen Spalten durchzogenen Basalt. Das Sickerwasser wird dann von einer der Lehmschichten aufgefangen und kann sich dort zu großen Vorräten ansammeln. Aus einer Schüssel unter dem Rebbes kommt im Süden die Seesteinquelle. Wie auch im Norden der Mühlborn spendet sie ein weiches und besonders reines Wasser, weil es durch die Kohle gefiltert wurde. Einen besonders guten Ruf hatte die stark sprudelnde Quelle des „Frau-Holle-Brunnen" oder auch „Keudell-Brunnen" in Schwalbental, deren Wasser heute vom Wasserwerk unterirdisch abgeleitet wird. Grundwasser sammelt sich auch im

Muschelkalk und im Buntsandstein über Tonschichten. Aus solchen Schichten speisen sich beispielsweise im Westen der „Kalte Born" und das Gespringe. Quellwasser aus diesen geologischen Schichten ist extrem hart, stark milchig getrübt und nicht als Trinkwasser nutzbar.

Soweit untere Grundwasserschichten nicht durch undichte Stellen aus dem jeweils darüber liegenden Grundwasserleiter Nachschub erhalten, werden sie von Niederschlagswasser gespeist, das an den Hängen in den Boden einsickert.

Über das Klima des Meißners haben Sie bereits auf Seite 10 etwas erfahren, werden dazu Erstaunliches auch noch bei den Blockmeeren und bei der Behandlung der Fichtenwälder auf dem Plateau lesen. Hier sei über den großen Klimaunterschied zwischen West- und Osthang berichtet: Am Westhang fallen pro Jahr etwa 800 mm Regen, und auf dem Plateau regnen sich die Wolken dann ab. Die Jahresniederschläge erreichen dort 1100, vielleicht sogar 1200 mm. Die Jahres-Durchschnitts-Temperaturen bewegen sich zwischen nur 7 bis 4,5 °C, je nach Lage, so daß eine mäßig bis sehr stark subatlantische Klimatönung vorliegt. Für hessische Wälder ist das Klima kühl und rauh. Am Osthang, bereits 400 m bergabwärts beginnend, und im östlichen Vorland finden wir ein mehr subkontinentales Klima, mit entsprechend geringen Niederschlägen um die 600 bis 700 mm. Dies ist dem Regenschatten des Kaufunger Waldes und des Meißnermassivs selbst zu verdanken – die Masse der Regenwolken kommt bei vorherrschenden Westwinden ja vom Atlantik. Die Jahres-Durchschnitts-Temperaturen von 7–8 °C im östlichen Meißner-Vorland sind ebenfalls eine Folge der geschützten Lage, aber auch der Nähe zum wärmebegünstigten Eschweger Becken.

Der begrenzte Platz zwingt mich, auf Einzelstandorte am Meißner nur sehr kurz einzugehen. Das Bild links, aufgenommen am Westhang des Meißners, zeigt die aus Muschelkalk bestehende Weiße Wand, einen kleinen Kalkbruch. Über dem Kalk sehen Sie die dünne Bodenschicht.

Das Bild erleichtert vielleicht das Verständnis, daß die von Hitze und Kälte, von Wasser, Wurzelwerk und Kleinlebewesen aus dem Grundgestein und aus abgestorbenen Lebewesen gebildeten Böden sehr variabel sein müssen in einem Gebiet mit drei Grundgesteinen sowie eingewehtem Löß, mit tertiären Sanden und Tonen, sehr verschiedenen klimatischen Bedingungen und unterschiedlicher Wasserversorgung.

Die am Meißner vertretenen Bodentypen sollen deshalb nicht aufgezählt werden – einige werden uns bei den Waldgesellschaften begegnen.

15

Ehrfurcht gebietend, mal auch beängstigend

Was ist es, das den Meißner zum König der hessischen Berge macht? Ist es nur seine charakteristische, langgestreckte Gestalt, die sich aus vielerlei Blickwinkeln deutlich aus seinem Umfeld erhebt? Ist es seine von Wolken oder Nebel verhangene Hochebene, während unten die Sonne über der Landschaft lacht? Sind es die verschneiten Höhen bei Frühlingsstimmung im Werratal? Oder andererseits der blaue Himmel über dem Plateau, während das Tal in Wolken liegt? Die Frühlingsblumen auf Meißnerwiesen, während im Tal der Sommer Einzug hält?

All das verdeutlicht, wie erhaben der Meißner sein Umfeld überragt, macht ihn zu einem Berg, der in seiner Ausstrahlung mit weit höheren Gipfeln konkurrieren kann.

Daneben sind es sicher seine Felspartien und Blockmeere, die uns heutzutage in staunende Bewunderung versetzen. In den Anfängen der Landschaftserkundung durch Bildungsbürger und Naturforscher wurden Fels und Geröll dagegen vor allem als beängstigend erlebt.

So berichtet R. von Münchhausen in einem um 1800 geschriebenen Aufsatz, nachdem er zuvor das Plateau mit einer in den Wolken schwebenden, blütenreichen Zauberinsel verglichen hat, folgendes über den Abstieg:

„Wir stiegen, den waldlosen Wiesengipfel verlassend, die Böschung des Berges hinab. Hier nahm uns eine

äußerst wilde, zum Teil furchtbare Gegend auf. Im Vergleich der so schönen und lachenden Aussicht von der Spitze des Berges, findet man sich hier plötzlich in einer ganz andern, ich möchte sagen, in einer umgestürzten Welt; sie scheint die Scherben eines zertrümmerten Gestirns zu sein, von einem Unholde hierher geschleudert und zu seinem unwirtlichen Wohnsitze erkoren … Wie veraltete Türme zerstörter Bergschlösser und Felsenburgen ragen die Basaltkuppen in die Luft empor, wie die Trümmer zerstörter Städte und Paläste gießt sich die Flut zerbrochener Säulenbrocken in die Tiefe hinab. Hier scheint die Natur Hand an sich gelegt zu haben und ihr eigenes Sein zu zermalmen."
Bevor Münchhausen an Hünengeister und die Gestalten alter Regenthursen denkt, die aus dem Fels hervorkommen und mit Keule und Bogen auf uns zulaufen, sei das Zitat beendet.
Auch deshalb stehen wir heute weit über solch arg übersteigerten Empfindungen, weil wir Landschaft fast nur noch von Schönwetterausflügen an Sonntagnachmittagen kennen. Berichte früherer Wanderungen über den Meißner aber erzählen von Sonnenauf- und -untergängen, von Nebel, Schneetreiben und Sturm. Es war ja auch ein ganz anderes Unterfangen, beispielsweise von Eschwege zu Fuß zum Meißner zu gehen, ihn zu ersteigen, zu erkunden, um dann Richtung Witzenhausen weiterzuziehen. Da konnte das Wetter mehrfach umkippen, da geriet man leicht in die einbrechende Dunkelheit; kehrte auch zur Nacht in Schwalbental ein, um dann in der ersten Dämmerung den Berg zu erklimmen.
Und auch heute noch kann einem Angst und Bange werden, ist man nur zur rechten Zeit unterwegs. Das Bild auf Seite 21 hat Duncan Usher Ende März aufgenommen, nach Einbruch der Dunkelheit. Es war das einzige Bild, das er an jenem Abend schießen konnte, in einem kurzen Moment der Windstille. Ansonsten nämlich zog bei seinem Aufstieg zur Kalbe innerhalb von Minuten ein Sturm herauf, wechselte das Licht ständig zwischen grauem Nebel und dem Schein des Vollmondes zwischen jagenden Wolkenfetzen. Der Sturm, die Kälte, der Mond und die Finsternis: Schnell wird uns in einer solchen Situation klar, wie leicht uns im Dunkeln und beim Weg über steinigen Boden etwas zustoßen kann, wie wir mit gebrochenem Bein leicht auskühlen – wenn unser Handy versagt und wir keine Hilfe herbeirufen können. Gerade diese Anspannung aber und die Nervosität machen uns offen für „übersinnliche" oder irrationale Wahrnehmungen.
Duncan Usher war sehr erleichtert, als er heil in sein bei Schwalbental geparktes Auto steigen konnte.
Die Bilder zeigen die Windflüchter auf der Kalbe und die Kitzkammer.

Berg der Frau Holle

Wo der erodierende, abrutschende Berg unterhalb der Kalbe einen Moment lang zur Ruhe kommt und ein kleines Plateau bildet, liegt der Teich der Frau Holle. Gespeist wird er durch eigene Quellen. Da er früher in manchen Sommern fast austrocknete, hat die Forstverwaltung dem vom Weiberhemd herunterkommenden Ziegenbach einen Teil seines Wassers abgezwackt und es in den Teich abgeleitet. Außerdem wurde ein Mäuerchen angelegt, um dadurch den Teich noch ein wenig zu vergrößern.
Tief unter der geheimnisvoll spiegelnden Wasserfläche liegt das Schloß der Frau Holle. So erfahren wir es von den Brüdern Grimm, die vor allem in Hessen als Chronisten alter Überlieferungen wirkten.

Wer war Frau Holle? Wo lagen ihre Ursprünge? Jakob Grimm sah in ihr eine Göttin, wesensverwandt mit der germanischen Göttin Nerthus oder auch der nordgermanischen Göttin Frigg, Odins Gattin. In seiner Deutschen Mythologie von 1835 stellt er Frau Holle (Holda, Hulda, Holla, Hulle, Holl) als eine überaus freundliche und gnädige Frau und Göttin dar, die nur zornig wird, wenn sie Faulheit sieht, und die Zank und Streit nicht mag: Unordentlichen Spinnerinnen verwirrt sie das Garn, und zänkische Mädchen verwandelt sie in Katzen und sperrt sie in die Kitzkammer. Sie ist eine schöne, weißhäutige Frau; sie liebt den Aufenthalt in See und Brunnen, und mittags sieht man sie bisweilen im Frau-Holle-Teich baden und darin verschwinden, während aus der Tiefe des Wassers Glockengeläut ertönt. Aus ihrem Brunnen kommen die Kinder, und ein Bad in ihrem Teiche erhöht die Fruchtbarkeit.
In völligem Gegensatz dazu wird sie nach Jakob Grimm manchmal auch als langnasige, großzähnige Alte mit verworrenem Haar dargestellt, die dem Heer der Toten nahesteht: ein wahres Hexenweib. Nicht nur Grimm geht davon aus, das dieses abstoßende Bild der vor allem in Nordhessen und Thüringen, aber auch im Vogtland, in Nordfranken und der Wetterau verehrten „holden Göttin" erst von der vordringenden christlichen Mission aufgebaut wurde: als gezielte Gegenpropaganda. Die neuere Forschung stuft Frau Holle nicht mehr als Himmelswesen und Göttin ein, sondern als einen der zahlreichen Vegetationsdämonen, als einen der in Wald und Feld, Wasser und Höhle, Haus und Menschendasein lebenden Geister, Riesen, Zwerge, Kobolde und Hexen. An diese Dämonen glaubten die Menschen schon lange, bevor sie einige solcher Wesen zu Göttern stilisierten.
Auch Professor Wilhelm Ulrich, auf dessen 1949 erschienenes Buch „Der Meißner" sich dieses Kapitel vor allem stützt, setzt sich sehr kritisch mit jeder überzogenen Vorstellung von Frau Holle auseinander. Vor allem aber hinterfragt er die zahlreichen, durch die Literatur geisternden Überhöhungen und Fehldeutungen des Frau-Holle-Teiches, der Kitzkammer, des Altarsteines und weiterer Orte am Meißner, die diese als germanische Kult- oder Thingstätten interpretieren und sich dabei vor allem auf bloßen Augenschein und oft verballhornte Flurnamen stützen. Geradezu genüßlich widerlegt er etliche Deutungen als offensichtlichen Humbug.
Aber auch dieser kritische Professor Ulrich mag nicht ausschließen, daß die durch Sage und Märchen überlieferte Frau Holle tatsächlich ursprünglich mit dem durch sie geheiligten Teich am Meißner verbunden ist, daß also nicht nachträglich ein früher Tourismusmanager am Teich stand und überlegte, hier könne man doch gut die Frau Holle aus dem Märchen ansiedeln.
Was nun die Christianisierung anbelangt, so ist er ebenfalls überzeugt, daß die christliche Mission versuchte, die im Volksglauben der Region stark verankerte Frau Holle zu „entmachten". Dies allerdings nicht durch eine Entstellung ihrer Persönlichkeit, sondern indem sie eine aus den Reihen ihrer Heiligen stammende, der Frau Holle in mancher Beziehung ähnelnde historische Persönlichkeit gezielt „aufbaute", um Frau Holle aus den Köpfen zu verdrängen. Die Wahl der Mission fiel dabei auf die Heilige Walpurgis, eine „weiße" Frau aus dem 8. Jh., die um die erste

Maienzeit in Wald und Wiese von bösen Geistern verfolgt wurde und allen Menschen reichen Segen spendete, die sie gegen ihre Verfolger in Schutz nahmen. Daß im Kloster Germerode neben der Jungfrau Maria auch die Heilige Walpurgis verehrt wurde, beweist eine Inschrift auf einer alten Glocke.

Es fehlt hier der Platz, die Gestalt der Walpurgis näher darzustellen. Von ihr jedenfalls lassen sich Fäden zum Hochzeitstag von Wodan und Freia am ersten Mai und zum germanischen Frühlingsfest ziehen, sogar bis hin zur heutigen Kirmes in Germerode verlängern und hier speziell zum Läufer, der den Festzug anführt, aber außerhalb der Kirchenmauern bleiben muß. Fäden, die zeigen, wie gut Walpurgis geeignet war, an die Stelle von Geistern und Göttern der noch im Heidentum befangenen Bevölkerung zu treten, indem sie als eine segensreiche Frau gezeigt wurde, von den Geistern verfolgt, aber auch von Menschen beschützt.

Nach solchen Überlegungen und Ausführungen kommt Professor Ulrich zum Ergebnis, daß „die Frau Holle den Alten doch mehr als eine Art von Spukgestalt gewesen sein muß."

„Und zwar viel mehr!"
Das ist das Fazit von Dr. Karl Kollmann, Stadtarchivar in Eschwege. Um Stellungnahme zu diesem Kapitel gebeten, teilte er mit, er habe keine direkten Korrekturvorschläge – halte nichtsdestoweniger aber die derzeit überwiegende Forschungsmeinung für falsch, Frau Holle sei nur ein Vegetationsdämon gewesen. Auf Grund einer Reihe von Indizien halte er Frau Holle für eine herabgestiegene „Variante" der fast in allen Völkern verbreiteten Mutter- oder Erdgottheit. Dr. Kollmanns interessante Anmerkungen finden Sie auf der Homepage des Verlages bei den Seiten zu diesem Buch.

Wie immer dem sei: Wenn die Schneeflocken wirbeln am Meißner, dann schüttelt Frau Holle ihre Betten, und wenn der Berg sich in Nebel hüllt, dann hat sie Holz auf´s Feuer gelegt. Und daran gibt es nichts zu rütteln.

Geheuer ist es dort nicht

Nicht nur Frau Holle begegnet uns in zahlreichen Geschichten im Meißner-Land. Überliefert sind auch Spuk- und Horrorgestalten. Selbst der Teufel tritt auf: Beim Lusthäuschen, dem heutigen Wachtstein, eine Viertelstunde Fußweg nördlich des Frau-Holle-Teiches, soll ein Ritter auf der weiten Grasfläche des Herrenfeldes vor sich ein hübsches Mädchen gesehen haben. Einen Flirt suchend, ritt er auf sie zu. Sie aber lief tändelnd vor ihm fort, und obwohl er sein Roß in Trab fallen ließ, hielt sie den Abstand. Irritiert und herausgefordert trieb er sein Pferd im Galopp voran – und stürzte einen sich plötzlich auftuenden Abgrund hinab, während der Teufel in Mädchengestalt hohnlachend in die Lüfte fuhr. Mehrfach berichtet ist die Erzählung vom wilden Jäger, der vor allem im Bereich der Weißen Wand über Laudenbach gesehen wurde. Ein Rittmeister ohne Kopf, der auf seinem Schimmel vom Hessenstein heraufkam, um in der „Badestube", einer Stelle auf einer Waldwiese, Frau Holle zu treffen: Hier ein Zitat aus dem Meißner-Buch von Manfred Lückert und Eckart Krüger: „Im Herbst kommt er mit großem Geheule, mit Sturmwind und schönem Gesang und furchtbarem Gesang dahergefahren, und seine weißen Hündchen machen giff-gaff. Oder er kommt als große Leiche angebraust, den einsamen Wanderer zu erschrecken. So hat ihn noch die Mutter des Forstarbeiters Range gesehen und gehört und außer ihr noch viele andere Leute."

Neben solcherlei sehr konkreten Gerüchten, zu denen auch die Bestrafung eines harten, ungerechten, sogar betrügerischen Lehrers namens Schuchardt gehört, der an den Meißner verbannt wurde und am Frau-Holle-Teich nun auf ewig die Grashalme zählen muß – neben solcherlei Geschichten gibt es eine Reihe von Erzählungen, deren Entstehung irgendwie nachvollziehbar ist; die eigentlich nicht mehr wiedergeben als Situationen draußen in der Landschaft, die einzelnen Menschen unerklärlich und unheimlich waren. Mehrere solcher Berichte gehen auf Forstarbeiter Range zurück, der für derartige Stimmungen wohl sehr empfänglich war. Folgender Textauszug erwähnt ihn im zweiten Teil: „Am Südhang des Meißners, unterhalb der Seesteine, liegt ein kleiner See, der nahezu völlig vermoort ist. Aus ihm entspringt das Schwarze Wasser. Hier erschien dem Wanderer oft eine große Gestalt und schwang eine Laterne im dämmernden Grund. Auch sonst ist es dort nicht geheuer. So mußte der Forstarbeiter Range einmal mit einem Pferdegespann dort vorüberfahren. Am Schwarzen Wasser stutzten die Gäule und standen schaudernd still. Es war aber nichts Sonderliches zu sehen. Nur die Tiere schnaubten und waren in Schweiß gebadet. Da stieg Range vom Wagen, legte sich vor die Deichsel und sprach ein Gebet. Im selben Augenblick sprangen die Pferde auf, daß er sich kaum noch retten konnte, zogen wie wild und tobten davon

und ruhten nicht eher, als bis sie nach Hause kamen, wo sie sich erst im Hofe verschnaubten. Das aber geschah zu der Zeit, als die Cholera in Hamburg wütete und viele Flüchtlinge aus dieser Stadt ins Schwalbental geflohen waren."
Auch bei der Kitzkammer hatte Range Erlebnisse der unheimlichen Art. „Der Forstarbeiter Range kam einmal vorüber. Da sprang eine gewaltige Katze unter der Mauer hervor und an ihm vorbei. Ein andermal hörte er, als er am frühen Morgen vorbeikam, einen seltsamen Klang, der war ganz dicht an seinen Ohren. Dergleichen hatte er niemals gehört. Es war eine rechte Geistermusik. Schnell ging er vorüber und machte drei Kreuze. Als er sich aber von der Kitzkammer entfernte, da wurde es wieder still."
Schade, daß die Katze nicht näher beschrieben ist. Range dachte natürlich an Frau Holle, die angeblich zänkische Frauen und Mädchen in Katzen verwandelte und in der Kitzkammer einsperrte. Aber warum soll nicht eine Wildkatze fluchtartig ihr Versteck verlassen haben, als Range kam?

Wieder sehen wir auf dieser Seite drei Fotos von Duncan Usher, die er bei seinen zahlreichen Aufstiegen am Meißner aufnehmen konnte: Einmal die nächtliche Kalbe bei Vollmond und Nebel. Dann ein Blick von dort auf Vockerode hinab – im Morgenrot.
Die „Höllenstimmung" zeigt einen abendlichen Blick vom Plateau nach Südosten. Das Bild einer Inversions-Wetterlage, in der die Täler im Nebel liegen, in den Hochlagen, über den Wolken, aber eine klare, weite Sicht beeindruckt. Usher hat nicht etwa ein Filter benutzt oder das Bild sonstwie verfremdet. Die Farben entsprechen vielmehr der Wirklichkeit. Erzeugt wurden sie durch die Brechung des Sonnenlichtes in einer riesigen Staubwolke, die damals um den Globus zog: Die Verunreinigungen entstammten dem Ascheregen eines Vulkanausbruches. Leider können wir das Bild nicht datieren und wissen deshalb auch nicht, welcher Vulkan für die Erscheinungen ursächlich war.
An solche Bilder denke ich, während ich unheimliche Geschichten vom Meißner lese. Auch daran, daß selbst unerschrockenen, aufgeklärten Zeitgenossen und Kennern der Natur in manchen Situationen draußen ein Schauder über den Rücken läuft, wie auf Seite 17 bezüglich der Entstehung des großen Bildes berichtet.
So gesehen wird es verständlich, daß sich vor allem in besonders eindrucksvollen Landschaften, in Mooren und auf Heiden etwa, am Meer und eben auch in den Fels- und Waldlandschaften auf dem Meißner Spukgeschichten halten.

Schwalbental

Das große Bild zeigt das letzte Anwesen des einstigen Bergbauortes Schwalbental, mit Tele fotografiert von Germerode aus.

Schwalbental liegt auf der für den Meißner magischen 600-m-Linie, von der ab vor allem am Osthang der Anstieg sehr steil wird. Von hier an aufwärts liegt die Masse der Blockmeere, finden sich die eindrucksvollsten Block-, Schlucht- und Hangwälder. Auch liegt dort die Stinksteinwand (Seite 42), deren unfeinen Geruch Sie manchmal schon in Schwalbental wahrnehmen können. Aber eins nach dem anderen.

Schwalbental ist in weiterer Hinsicht ein prägnanter Ort am Berg. Es bietet nicht nur einen schönen Ausblick ins Vorland, sondern von seinem Parkplatz empfiehlt sich ein Gang zu den Seesteinen, die Sie ebenso wenig verpassen sollten wie den Aufstieg zur Kalbe und einen Besuch beim Frau-Holle-Teich. (Vom Parkplatz Schwalbental führt ein beschilderter Weg zur Kalbe und zum Frau-Holle-Teich, dabei wird der Wanderweg 6 eingeschlagen, der vom Parkplatz aus über eine Steintreppe zu erreichen ist. Auf dem Weg zur Kalbe/zum Frau-Holle-Teich kommt man übrigens am Tränkteich vorbei, wo Grubenhölzer getränkt wurden. Auch der Johannisstollen liegt dort: letzte Ruhestätte zweier verschütteter Bergleute, die nie geborgen werden konnten.).

Sehen wir heute das letzte verbliebene Haus von Schwalbental, können wir uns kaum vorstellen, daß rund um die Straßenkreuzung und den Parkplatz einst ein ganzes Dorf lag: 1584 wurde es errichtet, hieß damals aber noch „Kohlenhaus".
1842 bestand der Ort aus zehn Häusern mit 55 Einwohnern, um 1880 waren dort 113 „Seelen" tätig, davon 52 im Bergamt. Gewohnt haben hier in unmittelbarer Nähe der Bergwerkstollen vor allem die Steiger, die Bergwerksbeamten, die Gastwirtsfamilie, sicher wohl auch der Lehrer und der Schmied. Die Bergarbeiter kamen täglich zu Fuß aus den Meißnerdörfern, waren oft schon erschöpft nach mehr als zweistündigem Anmarsch, manchmal durch hohen Schnee oder bei Hitze, und nach dem letzten steilen Anstieg.

Um das Jahr 1901 war Schwalbental Höhenluft-Kurort. Mehrere schöne Ansichtskarten zeugen davon.
Nach ihrer Stillegung wurden die Schwalbentaler Stollen mit Beton versiegelt, um immer wieder auftretende Schäden durch heraustretendes Wasser zu verhindern. Als Folge stauten sich in den Stollen gewaltige Wassermengen, suchten sich neue Wege. Das Wasser durchnäßte weiche Bodenschichten, trat an Straßenböschungen aus und führte zu Erdrutschen.

In der Nacht vom 27. auf den 28. März 1907 beispielsweise lösten sich mit donnerndem Krachen große Erdmassen und schoben sich 10 m vor. Die Bewohner des hauptsächlich betroffenen Gasthauses kamen mit dem Schrecken davon, aber nach einem Stolleneinbruch 1909 ließ die Forstverwaltung nahezu alle Gebäude abreißen, weil sie einen größeren Erdrutsch befürchtete.

Das Gasthaus wurde abgestützt, stand länger leer und wurde dann verkauft. Dem tatkräftigen Einsatz des Werratal-Vereines ist zu verdanken, daß es heute noch als letztes Haus an das Dorf erinnert, das für die Dauer seines Bestehens mehr als vier Jahrhunderte lang mit dem Kohlenbergbau am Meißner verbunden war: Hier hatte 1578 der Kohlenabbau so richtig seinen Anfang genommen, nachdem zuvor schon Bürger der Städte Kassel, Allendorf und Eschwege 1560 einen 15 m tiefen Stollen in den Berg getrieben hatten, um zu erforschen, woher die von einer Quelle beim heutigen Schwalbental ausgetriebenen kleinen Stücke Kohle wohl stammen möchten. Da sie aber nur auf Basaltgeröll mit wenig Kohle stießen, gaben sie auf. Nur Pfarrer Rhenanus aus Allendorf, der dort auch als Salzgrebe für die Salzgewinnung zuständig war, blieb am Ball und gewann schließlich Landgraf Wilhelm IV. für sein Vorhaben, den zur Neige gehenden Brennstoff Holz durch Kohle aus dem Meißner zu ersetzen.

Keine Mühe wurde gescheut, dieses Ziel zu erreichen. Mehr als 30 Stollen wurden im Laufe der Jahrhunderte in den Meißner getrieben, nicht nur bei Schwalbental, auch 500 m südlich des Schwarzwassers, auch auf der Westseite des Berges, im Laudenbacher Hohl, auch 700 m östlich Bransrode.
Immer wieder liefen die Stollen ins Leere, weil zu hoch angesetzt, da ja die Braunkohle in einer Senke entstanden war. Die Stollen erwischten zunächst Kohle, liefen dann aber in den Basalt.
Daneben gab es andere Probleme: Immer wieder zwang Wasser zur Stillegung von Stollen, erforderten durch Strömung entstandene Schäden monatelange Aufräumarbeiten. Die zweite große Gefahr im Berg waren giftige oder auch brennbare Gase. Nicht umsonst gingen die Bergleute bei Beginn ihrer Schicht in eine kurze Andacht.
So sehr sich der Berg gegen die Ausbeutung wehrte: Verhindern konnte er sie nicht. Gegen alle Rückschläge und Mißerfolge wurde der Kohlenbergbau am Meißner betrieben, zuletzt noch im Bransroder Revier. Aber auch hier lief er im Ersten Weltkrieg nur noch auf Sparflamme und endete 1929. Eine Renaissance erlebte der Braunkohlenabbau dann vor allem im Tagebau – doch davon später.

Das kleine Foto zeigt einen Abschnitt des Friedrich-Stollens, wie er den unteren Buntsandstein, vermutlich die sogenannte Volpriehausen-Folge, durchörtert.

23

Der Wald an den Flanken

Wald ist nicht gleich Wald. Während absolute Laien sicher nur Nadelwald von Laubwald und Jungwuchs in Schonungen von einem älteren Bestand unterscheiden können, vielleicht auch einen Birkenwald als solchen ansprechen, differenzieren fortgeschrittene Naturfreunde zwischen etlichen Nadel- und Laubbaumarten, unterscheiden beispielsweise zwischen Fichten-, Tannen-, Lärchen- und Kiefernwäldern. Ihnen fallen auch Unterschiede im Waldaufbau auf: Reinbestände aus nur einer Art gegenüber gemischten Beständen; Flächen, in denen alle Bäume gleich hoch sind und solche, in denen vom Jungwuchs bis hin zu alten Bäumen alles vorhanden ist, auch mehr oder weniger totes Holz steht oder liegt. Fachleute, wirkliche Spezialisten, sehen noch viel mehr. So gibt es für sie beispielsweise nicht nur *den* Buchenwald; sie kennen zahlreiche Buchenwaldgesellschaften. Wie der Name schon andeutet: Gesellschaften bestimmen sich nach den auf einer Fläche gemeinsam auftretenden Arten; bei Pflanzengesellschaften: Pflanzenarten.

Fachleute also gucken sehr genau, welche Baumarten zusammen auftreten, welche Sträucher ihnen beigemischt sind, und welche Pflanzen in der Krautschicht wachsen. Und dann kommen sie beispielsweise zum Ergebnis, einen Waldgersten-Buchenwald vor sich zu haben. Dieser Waldgersten-Buchenwald besteht natürlich aus zahlreichen weiteren Arten, aber Buche und Waldgerste sind eben typisch für die Gesellschaft, und das Kind muß ja einen möglichst kurzen Namen bekommen.

Daß es sehr verschiedene, aber andererseits klar beschreibbare Waldgesellschaften gibt, liegt an den jeweiligen Lebensansprüchen und Fähigkeiten der Arten. Auf einem nährstoffreichen Kalkboden in 400 m Höhe über Normalnull sind in Nordhessen auf trockenem Standort beispielsweise Seggen- bzw. Blaugrasbuchenwälder zu erwarten. Auf einem nassen Boden werden hier Schwarzerlenbrücher, auf feuchtem Standort Sternmieren-Hainbuchen-Eichenwälder gedeihen.

Auf einem weder all zu nassen noch all zu trockenen, ganz „normalen" Standort bestimmen vor allem zwei Faktoren die Pflanzengesellschaft: die Nährstoffversorgung und die Höhenlage, und zwar über die mit der Höhe verbundene Temperatur und Niederschlagsmenge. Treten keine besonderen Aspekte auf, sind nach dieser Höhenlagen-Gliederung am Meißner in einer Höhe von 430 m auf Kalk beispielsweise der Waldgersten-Buchenwald, auf silikatreichem Boden Waldmeister-Buchenwald, mit weiter abnehmender Nährstoffversorgung Hainsimsen-Waldmeister-Buchenwald, Flattergras-Buchenwald, Hainsimsen-Buchenwald mit Traubeneiche (auf Buntsandstein) und auf nährstoffarmem Buntsandstein dann Heidelbeer-Traubeneichen/Buchenwald zu erwarten.

Aufgezählt habe ich damit eine Reihe von Waldgesellschaften, die am Meißner auf weder zu nassen noch zu trockenen Böden, in Abhängigkeit von der Nährstoffversorgung, in der submontanen Zone zu erwarten sind. Diese Zone reicht in Nordhessen von etwa 200 bis 500 m über NN. Ab 450 m beginnt am Meißner bereits die montane Zone, also die klimatisch kühlere Bergzone. Mons bedeutet im Lateinischen „Berg", submontan bezeichnet die Zone unterhalb der Bergzone.

Nach der zonalen Gliederung und in Kenntnis der Ausgangsgesteine Buntsandstein und weiter oben Basalt erwarten wir an der Ostflanke des Meißners in den unteren Lagen Hainsimsen-Buchenwald, darüber den Waldmeister-Buchenwald auf Basalt bzw. auf von Basalt überrolltem Buntsandstein, und ganz oben die Bergahorn-Buchenwälder. Glücklicherweise ist der Meißner kein langweiliger Berg mit überall gleicher Wasser- und Nährstoffversorgung und gleich aufgebauten Böden.

So bringt er die soeben geschilderte Zonierung am Osthang vor allem durch mal sickerfeuchte, mal trockene Blockmeere und durch geröllreiche Steillagen durcheinander. Mit diesen Standorten kommt die aufgrund des Klimas eigentlich zu erwartende Buche nicht mehr klar, und plötzlich können sich eine Reihe anderer Laubholzarten entfalten. Wir kommen darauf noch zurück.

Dieses Buch aber ist nicht als wissenschaftliche Abhandlung gedacht. Für die Fachleute hier deshalb nur eine knappe Charakterisierung der wichtigsten Waldgesellschaften an den Meißner-Hängen insgesamt: Als natürliche Waldgesellschaften finden sich jeweils bei unterschiedlichster Wasserversorgung auf Buntsandstein die Hainsimsen-Buchenwälder mit Traubeneiche, auf Muschelkalk die Waldgersten-Buchenwälder, stellenweise in Bärlauchausbildung, auf Basalt dagegen ausgedehnte artenreiche submontane und montane Waldmeister-Buchenwälder mit Übergängen zu Waldschwingel-Ausbildungen. Die höchsten Lagen werden durch obermontane Hainsimsen-Buchenwälder repräsentiert, sind in den Plateaulagen heute aber mit Fichte bestockt. Auf block- und geröllreichen, sickerfeuchten Hängen haben sich bis heute artenreiche Eschen-Bergahorn-Bergulmenwälder mit nur geringem oder sogar fehlendem Buchenanteil in erstaunlicher Ausprägung halten können. Auf vernäßten Standorten kommen noch Reste von Schwarzerlen-Bruchwäldern vor, ebenso stellt sich die Eberesche auf dem Meißnerplateau natürlich ein. Von allen Waldgesellschaften und Sonderstandorten des Meißners werden wir auf den folgenden Seiten nur einige wenige vorstellen.

Das Foto symbolisiert die Gegensätzlichkeit der Meißner-Wälder auf kleinstem Raum. Es zeigt im Hintergrund kräftige Buchen, im Vordergrund eine zwergenhafte, verkrüppelte Eiche. Hoch oben auf dem Fels der Kitzkammer verwurzelt, kümmert sie vielleicht schon seit Jahrhunderten vor sich hin. Mag sein, daß sie noch erlebt hat, wie hier Vieh weidete: Ein alter, leider nicht datierter Stich zeigt an der Kitzkammer einen äußerst lückigen, buschartigen Baumbestand.

Hessens zweitgrößtes Naturschutzgebiet

Der größte Teil der Moore, Wiesen und Weiden auf dem Plateau ist seit 1970 als „Naturschutzgebiet Meißner" geschützt. Zum gleichen Naturschutzgebiet (NSG) zählen auch die Wälder an den oberen, steilen Hängen des Berges sowie etliche Waldwiesen. Wie ein Gürtel ziehen sich die unter Schutz gestellten Wälder rund um die Hochfläche.

Mit 931 Hektar ist das NSG das zweitgrößte in Hessen. Zusammen mit Teilen seines Umlandes ist es außerdem als Fauna-Flora-Habitat-Gebiet (FFH-Gebiet) der EU gemeldet und gehört, wie auch die Karstlandschaft, zum europäischen Naturschutzgebietsnetz NATURA 2000. Für den Normalbesucher leicht erlebbare Schätze des NSG sind die blütenbunten Bergwiesen und Moore, außerdem die urigen Blockmeere, überhaupt die Fülle der oft bemoosten Basaltblöcke und die darauf stockenden, sehr naturnahen Wälder. An den steinig-steilen Hängen hatte die Forstwirtschaft es von jeher schwer, Flächen zu bewirtschaften; hier wurde in den Zeiten der Übernutzung der Meißnerwälder am wenigsten Raubbau getrieben, denn wo sich die Waldarbeiter leicht die Knochen brechen, wurde oftmals kein Holz geerntet, geschweige denn angebaut.

Hier also finden wir eine fast natürliche Baumartenzusammensetzung, allerdings beeinflußt durch die mittelalterliche Rodung der Wälder der Hochfläche und durch Jahrhunderte der Almwirtschaft auf dem Plateau: Die daraus resultierende Änderung des Kleinklimas auch in den obersten Hanglagen begünstigte Edellaubholzarten gegenüber der Buche. Auch Rehe und das 1953 hier ausgewilder-

te Mufflon verändern durch ihre Nahrungswahl die Zusammensetzung der Baumarten – und hängen ihrerseits vom jagenden Menschen ab.
Wo also Stellen kaum zu bewirtschaften waren, an Steilhängen, im Geröll, auch in feuchten Senken, dort finden wir die „urigsten" Waldflächen, in denen besonders viele Bäume ihr Greisenalter erreichen, stehend sterben und, einmal umgestürzt, einfach liegenbleiben dürfen.
Typisch für richtig „wilde" Waldbilder im NSG sind die Bergahorn-Eschen-Block- und Schluchtwälder, die mit 10 bis 15 % der Waldfläche einen außergewöhnlich hohen Flächenanteil einnehmen. Aber auch etliche andere außergewöhnliche Waldgesellschaften und Waldbilder bereichern das NSG.
Von der Waldfläche entfallen etwa 75 % auf Laubholz. Darunter dominieren die silikat- und damit nährstoff- und artenreichen Buchenwälder mit häufig höheren Edellaubholzbeimischungen besonders im jugendlichen Alter, gefolgt von bodensauren Buchenwäldern. Auf die Buchen und auf die etwa 21 % der Waldfläche einnehmenden Fichtenforsten konzentriert sich die heutige, naturnah ausgerichtete forstliche Bewirtschaftung. So ist das NSG ein Mosaik aus kaum oder nie bewirtschafteten Wäldern, mehr oder weniger naturnahem Wirtschaftswald und einem Buchennaturwaldreservat. Das wird seit einiger Zeit nicht mehr bewirtschaftet, um durch den wissenschaftlichen Vergleich genutzter und ungenutzter Waldflächen zukunftsweisende Erkenntnisse für die Bewirtschaftung zu gewinnen.

Als Fazit: Für ein Land, in dem es keine unberührte Natur mehr gibt, mutet der Wald im NSG Meißner auf großen Flächen ungemein natürlich an. Dennoch ist er ein Forst, also ein Wirtschaftswald. Wobei die Bewirtschaftungsweise mehr als anderswo anstrebt, geschützte Arten zu fördern, überhaupt die Vielfalt und Eigenart der heimischen Natur zu bewahren.
Bei der Durchführung entsprechender Arbeiten helfen auch Jugendliche, die im Rahmen von Klassen- und Gruppenaufenthalten im Jugendwaldheim der Natur und der Pflege des Waldes näher gebracht werden. Für das oft flächenhafte Vorkommen seltener Pflanzen stehen die blühenden Märzenbecher oben links. Angesichts solcher Bestände glaubt man kaum, bedrohte Wildpflanzen vor sich zu haben.
Das Bild Mitte links zeigt einen der auf dem Meißner noch vorkommenden Schildfarne, und zwar den wintergrünen Dornigen Schildfarn. Nahe der Kalbe mußte ein Bestand des noch selteneren Braun'schen Schildfarns eingezäunt werden, weil er nach und nach dem Mufflon zum Opfer zu fallen drohte.
Vom seltenen Schwarzstorch (großes Bild) brüten am Meißner und in seinem Umfeld jährlich gleich zwei bis vier Paare.

Extremstandort Blockmeer

Rund um den Meißner finden wir an den oberen, steilen Hängen immer wieder Blockmeere und -felder. Sie berichten von den Kräften der Erosion, die die deckende Basaltschicht unterhöhlten, zerbrachen, abrutschen ließen.

Das größte Blockfeld liegt unterhalb der Kalbe. Wer dieses eindrucksvolle Blockmeer betrachtet, denkt angesichts der vereinzelten Gehölze darauf nicht an Wald. Es sei denn, er gehört zu den Pflanzensoziologen. Die haben ihm sogar einen Namen gegeben: Birken-Ebereschen-Sauer-

humus-Blockwald nennen sie den äußerst lückigen, lockeren und inselartigen Pionierwald, der sich vor allem aus Eberesche und Hängebirke zusammensetzt. Vereinzelt bilden sogar Buche, Karpatenbirke und Trauben-Eiche, von den Rändern her eindringend, „Vorposten". Höchstens 6 bis 8 m wird dieser Wald hoch, und in seiner fast nicht vorhandenen Strauchschicht kommen neben dem Jungwuchs der genannten Arten einige Traubenholunder und Himbeeren vor. Die Basaltblöcke selbst sind von Moosen und Flechten gefleckt, stellenweise von einer Moderschicht bedeckt. Eingewehte Laubblätter füllen die Spalten und Klüfte. Sie zersetzen sich nur zögerlich zu Moder. Feinbodenmaterial, das bei der Entstehung der Blockmeere reichlich vorhanden war, wurde weitestgehend weggespült und ist Mangelware.

In diesem extremen Lebensraum gedeihen nur wenige säurevertragende Gräser, Kräuter und Zwergsträucher, etwa Heidelbeere, Drahtschmiele und diverse Farne. Daneben eine Vielzahl von Flechten und Moosen: Von den derzeit bekannten 328 Moosarten auf dem Meißner finden sich die weitaus meisten in den Blockmeeren.

Eine absolute Besonderheit stellt hier der Tannenbärlapp dar. Diese rechts unten abgebildete Pflanze ist eigentlich in Skandinavien und in den Alpen beheimatet. Ihre Bestände in den Blockmeeren des Meißners stammen noch aus der letzten Nach-Kaltzeit. Während sie bei uns rundum der nacheiszeitlichen Klima-Erwärmung zum Opfer fiel, hat sie im „Kühlschrank Blockmeer" auf dem Meißner überdauert.

Von der in den Blockmeeren herrschenden Kälte gibt auch die „Eisquelle" am Hangfuß des Kalbe-Blockmeeres einen Eindruck. Während Quellen normalerweise ganzjährig zwischen 6 und 8°C warm oder kalt sind, können wir an der Eisquelle selbst im Juli 1°C messen. Ursache dieses Phänomens ist die Verdunstungskälte in den Blockmeeren. Die Basaltblöcke sind nämlich selbst im Sommer häufig naß von Schwitzwasser. Scheint die Sonne, so verdunstet im Gestein viel Wasser. Die aufsteigende Feuchtigkeit ermöglicht Farnen, auf den Blockmeeren zu überdauern. Die bei der Verdunstung entstehende Kälte aber bleibt in den Spalten zwischen den Blöcken liegen oder versinkt darin.

Übrigens: Diese Felsmeere müssen schon mindestens 15 m mächtig sein, damit garantiert kein Baum mehr auf ihnen Fuß fassen kann!

Die Seesteine

Schon Cajus Cornelius Tacitus berichtete im dreizehnten Band seiner Jahrbücher und dort in Kapitel 57 von den germanischen Stämmen der Chatten und der Hermunduren, die um die Salzlager an einem Fluß Krieg führten. Nach Tacitus ist es nicht allein um das Salz gegangen, auch um die Wälder, und zwar aufgrund der Meinung, „jene Gegend sey dem Himmel vorzüglich nahe, nirgendwo würden der Sterblichen Gebete näher von den Göttern gehört. Daher entstehe durch der Gottheiten Güte in jenem Flusse und in jenen Wäldern Salz ..."

Heute geht man davon aus, daß mit dem Fluß die Werra gemeint war, und daß es sich um die Salzsole von Sooden handelte. Gut möglich auch, daß den Germanen die Seesteine als Gebetsstätte dienten – sie sind ein eindrucksvoller Waldesdom, der sich langsam erschließt, wenn man unten vor den Hängen wie in einem Amphitheater steht und erst nach und nach immer neue Einzelheiten in sich aufnimmt. Dieser Eindruck ist nicht in Fotos wiederzugeben, sie müßten gleichzeitig mit Weitwinkel und Tele gemacht sein.

Vielleicht gibt die Bildzusammenstellung einen kleinen Eindruck vom Wesen des Ortes. Bei zweien der Bilder kann ich sogar die blumenreichen Textauszüge des auf S. 16 zitierten R. von Münchhausen nachvollziehen, in denen er von einer umgestürzten Welt und von den Türmen zerstörter Felsenburgen spricht.

31

Der Lebensraum der Mondviole

Einen Gang von Schwalbental zu den Seesteinen möchten wir Ihnen unbedingt ans Herz legen. Nicht nur wegen der Seesteine allein, sondern wegen der sehr schön ausgeprägten Bergahorn-Eschen-Block- und Schluchtwälder, die Sie etwa auf halber Strecke am Schwarzwasser und bei den Seesteinen erleben können. Die urwüchsig wirkenden, schönen, seltenen und am Meißner ausgeprägten Waldgesellschaften vorrangig aus Bergahorn und Esche finden sich auf schattigen, blockübersäten Steilhängen, in Schluchten und am Fuß steiler Hänge. Ein ausgeglichenes Klima in sonnenabgewandten, windgeschützten Hanglagen benötigt diese Pflanzengesellschaft, mit geringen Tagesschwankungen der Luftfeuchte, Luft- und Bodentemperatur; einen lockeren und sehr lebendigen, basenreichen und stets sickerfeuchten, deshalb auch sauerstoffreichen Boden.

Angesichts der Waldbilder am Schwarzwasser und unterhalb der Seesteine konnte unser Exkursionsleiter, Förster a. D. Claus Chwalczyk, sich richtig begeistern – und uns mitreißen. Mit dem Blick des erfahrenen Standorterkunders entdeckte er zahlreiche Charakteristika, erläuterte er etliche Besonderheiten: Er machte uns auf den typischen Waldschwingel aufmerksam, er erklärte den bestockungsmäßigen Übergang von den Feinerde-bedürftigen Buchen zum Bergahorn. Der benötigt zwar unbedingt nährstoffreichen Boden, ist aber zufrieden, wenn dieser aus einer mächtigen Schicht Humus-Braunerde besteht; entstanden aus Laub, welches in tiefe Spalten im Gestein eingeweht wurde. Chwalczyk berichtete, daß neben dem Bergahorn vor allem Esche und Bergulme den Bergahorn-Eschen-Block- und Schluchtwald bilden, daß teilweise auch die Sommerlinde hinzutritt, auch einmal Spitzahorn und Winterlinde; letztere aber nur in tieferen Lagen.

Zur eher spärlich ausgebildeten Strauchschicht dieser Waldgesellschaft gehören Wilde Stachelbeere und Alpen-Johannisbeere, auch Roter Holunder und Traubenkirsche. Von der hohen Luftfeuchtigkeit künden zahllose Moose, die das Gestein und teilweise die Bäume überziehen, und üppig wuchernde Farne.

Die Krautschicht letztlich wird von großblättrigen und hochwüchsigen Arten geprägt, darunter – Charakterart aller Ausprägungen des Bergahorn-Eschen-Block- und Schluchtwaldes am Meißner – die bis zu 100 cm Höhe heranwachsende Mondviole, auch Spitzes Silberblatt genannt. Links ein blühender Bestand, aufgenommen an den Seesteinen im Mai 2001. Im Bild oben erkennen Sie schon die Schötchen der Pflanzen. Den ganzen Sommer lang prägt die Mondviole die Krautschicht dieser Wälder; im Herbst fallen die perlmuttartig glänzenden Scheidewände ihrer Schötchen ins Auge.

So steht denn die Mondviole für eine in den nördlichen Mittelgebirgen seltene und am Meißner erstaunlich ausgeprägte Waldgesellschaft, die durch ihre urwüchsige Ausstrahlung und ihre Naturnähe nicht nur die Fachwelt begeistert.

Unterhalb des verlandeten und vermoorten Sees, der den Seesteinen ihren Namen gab, wurde das Bild von den Basaltblöcken zwischen Buchen aufgenommen. Die Buchen weisen auf einen feinbodenhaltigen Untergrund hin, sonst wären sie von den Edellaubbäumen Bergahorn, Esche usw. verdrängt worden oder hätten hier nicht Fuß fassen können.

Blütenzauber auf Kalk

Auf Seite 14 sehen Sie die Weiße Wand. Dieser kleine alte Steinbruch verhalf dem Waldweg zwischen Viehhauswiesen-Parkplatz und Basaltbruch Bransrode zu seinem Namen. Ein großer Teil des Weges verläuft über Muschelkalk, mehrfach aber auch über Buntsandstein. Selbst für den Laien ist der Wechsel leicht festzustellen: Auf den Buntsandstein-Nasen nämlich wurden Fichten gepflanzt, während auf dem Kalk ein edellaubholzreicher Buchenwald stockt.

Nur wenige kleine Rinnsale oder Bächlein sind vom Weg aus zu sehen, aber die Masse der Hangflächen ist sickerwasserfeucht. Und so findet hier der Bärlauch einen ihm zusagenden Lebensraum: Er liebt Nährstoffreichtum, Kalk und sehr frischen, aber nicht staunassen Boden. Schon Anfang April, wenn die jungen Pflanzen den Boden bedecken, liegt sein typischer Knoblauchgeruch in der Luft; gegen Ende April bildet er ein weißes Blütenmeer (links unten; daneben die Blüten).

Eine Strauchschicht fehlt im Bärlauch-Kalkbuchenwald am Meißner: Der Laubmischwald bildet nämlich einen dichten Bestand, dessen fast geschlossenes Kronendach im Sommerhalbjahr kaum Licht zum Boden durchdringen läßt. Dennoch sind die

Böden hier ungemein lebendig. Nahezu in Windeseile arbeiten die Bodenlebewesen die Laubstreu in den Mineralboden ein. Wir finden hier einen lockeren, gut durchlüfteten Boden, dessen wertvolle Ton-Humusverbindungen viele Nährstoffe speichern können. Diese Humusform wird Mull genannt. Der hochwertige Boden fördert auch die Edellaubhölzer Ulme und Ahorn.

Während Sie den Bärlauch-Kalkbuchenwald im Frühjahr nicht übersehen, auch nicht „überriechen" können, werden Ihnen die Orchideen-Buchenwälder des Meißners leicht entgehen.

Diese Waldgesellschaft benötigt Wärme und sommertrockene Standorte auf Kalk. Nur am Heiligenberg und an einer Kalkrippe am Westhang findet sie ihr zusagende Lebensbedingungen, und zwar auf einigen nach Süd bis West ausgerichteten Hängen, deren Neigungswinkel etwa 35 Grad beträgt: Diese Lagen sind wahre Sonnenstrahl-Fallen und deshalb für den Meißner ungewöhnlich wärmebegünstigt. Niederschläge versickern schnell im lockeren Gestein oder fließen an den steilen Hängen umgehend ab.

Das Foto links oben zeigt einen Ausschnitt aus einem solchen Orchideen-Buchenwald, mit blühendem Mannsknabenkraut in der Krautschicht. Auch dies eine Kostbarkeit des Meißners, denn eigentlich ist diese Waldgesellschaft so weit im Norden kaum noch zu erwarten. Beheimatet ist sie eigentlich im südwestlichen Mitteleuropa.

Die Buche stellt hier noch die Leitart unter den Baumarten, aber ihre Wuchskraft ist vermindert. Vereinzelt finden sich die wärmebedürftigen Arten Feld-Ahorn und Trauben-Eiche. Die Strauchschicht besteht aus Hasel, Weißdorn, Roter Heckenkirsche, Gewöhnlicher Waldrebe und Seidelbast.

Obwohl die Gesellschaft an der Nordgrenze ihres Verbreitungsgebietes nicht mehr alle ihre Arten aufbieten kann, fanden Botaniker auf den jeweils 220 m² großen Probeflächen 33 Arten höherer Pflanzen, z. B. die wärme- und lichtbedürftigen Arten Finger-, Berg- und Blaugrüne Segge, Knolliger Hahnenfuß, Fiederzwenke, Großes Windröschen; auch einige Orchideenarten, etwa Rotes und Weißes Waldvögelein, Braunrote Stendelwurz, das Mannsknabenkraut und den Frauenschuh (großes Bild). Im Hochformatfoto sehen Sie den (giftigen) Aronstab.

Auf zerbrechlichen Flügeln durch den Sommerwald

Hauchdünn, pergamentartig, zerbrechlich erscheinen Schmetterlingsflügel auf den ersten Blick. In Wahrheit aber sind sie ungemein leistungsfähig und effektiv: So fliegen der Distelfalter und der Admiral jedes Jahr aus dem Mittelmeerraum über die Alpen, um sich in Mitteleuropa fortzupflanzen. Mehrere tausend Kilometer auf wenigen Quadratzentimetern Flügelfläche, und das mit ein paar Tropfen Nektar als Treibstoff. „Zerbrechlich" sind Schmetterlinge wegen der Gefährdung ihrer Lebensräume. Wie viele artenreiche Wiesen, Heimstatt von Schmetterlingen, sind nicht schon in monotone Hochleistungs-Grasäcker umgewandelt worden? Wie viele wurden sich selbst überlassen, umgebrochen, aufgeforstet?

Am Meißner gibt es noch bunte, meist reich strukturierte Wiesen. Dem Waldrand ist eine kleine Hecke vorgelagert. Ein Graben, ein Waldweg mit einer Pfütze, feuchte und trockene Wiesenpartien wechseln sich ab. Die vielen verschiedenen Lebensbedingungen führen zu einer großen Vielfalt bei den Pflanzen und damit auch bei den Tieren.

Ein typischer Falter des Waldrandes ist das Waldbrettspiel. Dieser Falter ist in seiner Färbung dem Licht-Schatten-Spiel des Waldrandes ideal angepaßt. Die Männchen teilen sich den Waldrand in Reviere ein, die sie gegen die anderen Männchen verteidigen. Auf ihrem Revieransitz warten sie auf vorbeifliegende Weibchen. Der Kaisermantel nutzt gleich mehrere Bereiche der Waldwiese: Baumstämme mit rissiger Borke, die einige Meter tief im Waldmantel stehen, dienen den Weibchen zur Eiablage. Dort schlüpfen im Herbst die Räupchen und überwintern in den Borkenritzen. Im Frühling wandern sie den Stamm hinab und krabbeln an den Waldwiesenrand, wo sie sich von Veilchen ernähren. Als erwachsene Falter nutzen sie die Waldwiese, um an Blüten Nahrung zu sammeln. An feuchten Wiesenstellen und Gräben, die nicht regelmäßig gemäht werden, wächst das Mädesüß. Diese Pflanze bildet die Nahrungsgrundlage für die Raupen des Mädesüß-Perlmuttfalters. Die beiden Falter auf dem Foto sind gerade mitten in der Balz.

W-album ist der wissenschaftliche Name des Ulmenzipfelfalters. Das bedeutet „Weißes W" und charakterisiert die als „W" ausgeformte weiße Linie auf der Hinterflügelunterseite; ein sicheres Erkennungszeichen dieser Art. Die erwachsenen Falter nutzen das Blütenangebot auf den Wiesen als Nahrungsquelle. Ihre winzigen, diskusförmigen Eier aber legen sie an der Basis von Ulmenknospen im Waldmantel ab. Ihre im Frühjahr schlüpfenden Räupchen passen sich perfekt an farbliche Veränderungen der Ulme an: Zur Blütezeit sind die Raupen hellgelb wie die Ulmenblüten. Zur Verpuppung werden sie braun wie die Ulmenrinde.

Das Ulmensterben wird für diesen Schmetterling zum Problem. Längst hat die Krankheit auch den Meißner erfaßt. Immer öfter sieht man die Gerippe abgestorbener Ulmen. Verursacht wird dieses Sterben einmal nicht durch Umweltverschmutzungen, sondern durch einen Pilz, den der Ulmensplintkäfer verbreitet. Sonnenbeschienene, nicht asphaltierte Waldwege dienen vielen Faltern – wie dem Tagpfauenauge und dem Kleinen Fuchs – als Sonnenplatz, insbesondere in den kühlen Morgenstunden. Mit Glück trifft man hier auch Seltenheiten wie den Großen und den Kleinen Schillerfalter oder gar den Großen Eisvogel, einen der seltensten Schmetterlinge Mitteleuropas. Als Falter ziehen diese Arten ihre Bahnen im Kronendach des Meißnerwaldes. Kaum einmal sieht man sie an Blüten sitzen, denn sie ernähren sich nicht von Nektar. Vielmehr saugen die Weibchen dieser Arten am „Honigtau", den süßen Ausscheidungen von Blattläusen also, oder an Baumsäften. Selten lassen sie sich auf Wegen nieder, um an einer Pfütze zu trinken oder an Pferdemist zu saugen. Die Schillerfalter naschen auch gerne an Aas, etwa einer überfahrenen Maus.

Im Unterschied zu seinem großen Vetter lebt der Kleine Eisvogel nicht im Kronendach, sondern in Bodennähe. Von Laub überdachte Waldwege, aber auch Bachläufe gehören zu seinem Lebensraum. Einen schönen Platz zum Sonnenbaden hat sich der Kleine Eisvogel auf dem großen Bild ausgesucht.

Von Kreuzottern, Klump-Füßen und Hohlwegen

An mindestens zwei Stellen gibt es am Meißner noch Kreuzottern. Die in Hessen sehr seltene Schlangenart zählt zu den Verlierern der modernen, nachhaltigen Forstwirtschaft und der erfolgreichen Bemühungen, die einst übernutzten Wälder in stabilen Hochwald zu überführen.

Als die auf Seite 8 bereits vorgestellten Niederwälder noch das Bild des Meißners prägten, boten Kreuzottern einen häufigen Anblick: In den ersten Jahren nach der Holzernte sieht Niederwald wie eine Gebüschlandschaft aus, und in diesem Stadium fanden die Reptilien optimale Lebensbedingungen: Im oft sehr alten, morschen Wurzelwerk Höhlen für den Winterschlaf, an den Stümpfen besonnte, warme Plätze, und das Laubwerk der jungen, dichten Triebe schützte die Schlangen vor den scharfen Augen der Bussarde und Milane.

Seit von den Niederwäldern nur noch durchgewachsene, lange nicht mehr bewirtschaftete Reste übrig sind, überdauerten letzte Kreuzottern an lichten Waldrändern.

Auf Initiative der Arbeitsgemeinschaft Amphibien- und Reptilienschutz (AGAR) hat die Gemeinde Meißner sich um ein Restvorkommen der bedrohten Reptilien verdient gemacht, indem sie im Gemarkungsteil Wolfterode eine an einem Südosthang liegende, an den Lebensraum der Schlangen grenzende Fichtenschonung zur Verfügung stellte. Die Naturschützer und das Forstamt haben dann die Fichten gerodet und an den Stubben Reisighaufen angelegt, um Verstecke zu schaffen; auch Gruben ausgehoben und wieder mit Basaltgestein verfüllt, um Winterschlafstätten anzubieten. Selbst zwei Kleingewässer wurden ausgehoben, um Grasfrösche zu fördern und so den Speisezettel der Schlangen zu bereichern. Das Ganze mit Erfolg: Mit etwas Glück finden die Schlangenschützer jetzt auf ihren Kontrollgängen im vergrößerten Schlangen-Lebensraum gleich mehrere Exemplare unterschiedlichen Alters.

An den einstigen Kreuzotter-Lebensraum erinnert das Bild vom Eichen-Klump-Fuß. Es wurde in einem ehemaligen Lohwald der Gemeinde Meißner aufgenommen, also in einem Niederwald, in dem Eichenrinde geschält wurde, um die in ihr enthaltene Gerbsäure zur Lederbearbeitung zu nutzen. Bei der gezeigten Eiche wurden nach dem letzten Einschlag vor mindestens 50 Jahren die heranwachsenden Nebenstämme abgesägt, um den besten Stamm zu fördern. Während der nun immer dicker wird, überwallt er alte Schnittstellen. Noch einige Jahrzehnte, und der morsche Stumpf links wird vom lebenden Stamm überwachsen sein.

An verschiedenen Stellen berichten am Meißner Hohlwege von den alten Zeiten: Als das Plateau noch eine offene Weidelandschaft war, trieben Hütejungen aus den Meißner-Orten teilweise täglich Vieh zur Weide hinauf. Gleichzeitig waren in den Hangwäldern Tagelöhner damit beschäftigt, Brennholz zu schlagen oder Eichenrinde zu gewinnen. Nach dem Beginn des Braunkohle-Bergbaues stieg das Verkehrsaufkommen weiter an.

All die Viehherden und Fuhrwerke haben ihre Spuren hinterlassen. Spuren, die an den steilen Hängen vom Wasser ständig vertieft wurden. So entstand ein System von Hohlwegen, die die Art ihrer Entstehung deutlich wiederspiegeln. Durch Ochsenkarren entstandene Wege entsprechen an ihrer Sohle genau der Spurbreite dieser zweirädrigen Fahrzeuge. Überholen war unmöglich, und entgegenkommender Verkehr wäre an den steilen Wegen eine Katastrophe gewesen.

Folglich waren die Ochsenkarren-Hohlwege Einbahnstraßen, in denen Strohbüschel als Verkehrszeichen dienten. Das Foto rechts unten zeigt so einen alten Weg. Der als Größenvergleich einbezogene Hund von Förster Lenarduzzi ist ein stattliches Exemplar eines Deutsch Langhaar-Rüden.

Das Herbstbild stammt vom Westhang. Es zeigt eine sehr kleinstrukturierte, allerdings stark verbuschte Heckenlandschaft. Seit Ackerbau und Viehhaltung auf vielen dieser kleinen Parzellen aufgegeben wurden, erobert der Wald die alte Kulturlandschaft zurück. Noch singt dort die Goldammer – und das soll auch so bleiben! Deshalb werden hier Geldmittel der EU eingesetzt, um eine extensive Landwirtschaft zu halten. Ohne eine solche Stützung würde hier, nach den Gesetzen der Marktwirtschaft, bald nur noch Wirtschaftswald an Flächen intensiver Landwirtschaft grenzen.

Die Kalbe: Potemkin läßt grüßen

Der einstige Braunkohle-Bergbau am Meißner war längst beendet. In der Mitte des Bergrückens aber lag noch Kohle. Deren Lagerstätte gliederte sich in drei Mulden: eine bei Bransrode, eine mittlere zwischen Schwalbental und Laudenbacher Hohl und eine beim Rebbes. Die Flöze waren zwar kleinflächig, erreichten aber teilweise gute Mächtigkeiten. An der Kalbe war die Kohle 30 bis 50 Meter mächtig. Ihre oberste Schicht, über die sich einst der glühende Lavastrom ergossen hatte, enthielt wenig Wasser und erreichte Heizwerte bis 5000 kcal/kg. Diese durch die Lava natürlich veredelte Glanz-Kohle war bis zu vier Meter dick. Die „normale", darunter liegende Kohle erreicht mit 2000 bis 2800 kcal/kg und 51 bis 56 % Wasseranteil geringere Heizwerte.
In etlichen Flözpartien ist viel Schwefelkies eingelagert. Vielleicht ist dies der Grund, daß sich die Meißnerkohle unter Zutritt von Sauerstoff leicht entzündet und daß im Berg seit Jahrhunderten Braunkohle schwelt.

1946/48 erlebte der Meißner den zweiten Ansturm auf seine Kohlenschätze: Immerhin sollen damals noch etwa 40 Millionen Tonnen Braunkohle im Berg gewesen sein. Hatte der frühere Bergbau aber praktisch keine sichtbaren Wunden hinterlassen, so wurde nun zu einem Großangriff geblasen: Neben dem Tiefbau Grebestein wurden die Tagebaue Grebestein-Ost und Kalbe begonnen. Ein 1947 oder 48 aufgenommenes Foto, abgedruckt im Buch „Der Meißner und das Höllental", zeigt noch weitläufige, blumenbunte Weiberhemdwiesen. Wenig später wurden sie zu einem Großteil abgebaggert, begann der großflächige Tagebau Richtung Kalbe.
Über Jahre hinweg wurde der Abbau gesteigert und erreichte im Zeitraum 1960 bis 65 mit jährlich mehr als 300 000 t seinen Höhepunkt.
1968 wurde die Kohlegewinnung im Tiefbau Grebestein eingestellt, endete 1974 mit der Schließung des Tagebaues an der Kalbe ganz. Aber nicht das Erschrecken über die gewaltigen Auswirkungen des Tagebaues auf das Landschaftsbild und den Wasserhaushalt des Berges, nicht der Beinahe-Absturz der Kalbe und der engagierte Protest vieler Bürger hatten zur Aufgabe geführt. Schlicht und ergreifend war die Nachfrage weggebrochen, nachdem der wichtigste Abnehmer, das Braunkohlenkraftwerk in Kassel, auf Erdgas und Steinkohle umgestellt hatte.

Das linke Foto verdeutlicht, daß die heutige Kalbe nur noch aus einem schmalen Felswall besteht: Nach außen, im Bild nicht sichtbar, bedecken die beeindruckenden Blockmeere die Flanken des Berges, während die Bäumchen rechts auf aufgefülltem Material fußen. Dieser Hang fällt zum heutigen See im Tagebau-Restloch hin ab.

Sie werden annehmen, der einstige Betreiber des Tagebaues hätte diesen Wall aus eigener Einsicht stehen gelassen. Das war nicht so. Nur massive Bürgerproteste verhinderten, daß dem Berg eine noch von den Gipfeln des Harz aus sichtbare Wunde geschlagen wurde.

1961 jedoch drohte die Gefahr, daß das potemkinsche Dorf, zu dem die Kalbe durch den Abbau degradiert worden war, in sich zusammenbrach: Nach einer langen Regenperiode im Frühjahr begann der Basaltwall (also die Kalbe), ganz langsam in Richtung Tagebau abzurutschen, und durch sein Vorfeld zogen sich gewaltige Risse. Wahrscheinlich glitt der Basalt auf einer feucht-glatten Tonschicht die Kohle hinab. Aus Sicherheitsgründen mußte der Tagebau für Monate unterbrochen werden.

„Am 3. Mai 1963 besichtigten zwei Landtagsausschüsse, ein Minister, Vertreter der Bergbehörde, des Bergbaues, der Forstverwaltung und der Landschaftspflege die einsturzgefährdete Kalbe. Für über 350 000 DM aus Landesmitteln wurde eine Drahtseilverankerung, von Betonsockeln gehalten und gespannt, um die abbröckelnde Kalbewand gelegt. Im August 1963 begann eine Kasseler Firma mit den Arbeiten, Anfang 1964 hing der mächtige Berg in vier schweren Drahtseilen. Doch bereits im März 1964 stellte man fest, daß sich zwei der senkrecht in die hohe Kalbewand gegossenen Betonrippen von der Felswand gelöst hatten und frei in der Verspannung hingen. Der Bergbau war nun mit allen Mitteln dabei, Abraum anzukippen, um den Berg zu halten."

So steht es in „Der Meißner und das Höllental". Wirklich zur Ruhe kam der Berg durch den an seinen Hangfuß gekippten Schutt jedoch nicht. Immer noch, kaum meßbar, gleitet die Kalbe Richtung Restloch-See. Davon zeugte bis vor Kurzem ein geteerter ehemaliger Fahrweg zwischen See und Kalbe, der im Laufe der letzten Jahrzehnte um mehrere Meter abgesackt ist. Er wurde im April 2001 notdürftig aufgefüllt, um Lastwagen, Baggern und Feuerwehrfahrzeugen die Anfahrt zur Stinksteinwand zu ermöglichen – die Hintergründe erfahren Sie auf der nächsten Seite.

Oben: Ein Ausschnitt aus dem Tagebau-Restloch, fotografiert aus Richtung Kalbe. Die Braunkohleschicht begann etwa in Höhe des Wasserspiegels. Bis dorthin also mußte die Basaltkappe abgetragen werden, um an die Kohle zu gelangen. Der fortgeräumte Basalt wurde zu riesigen Halden aufgetragen – also nicht genutzt.

Im Horstbereich des Wanderfalken

Mittwoch, der 18. April 2001: Bei seiner Jogging-Runde entdeckt Otto Guthardt weiße, modrig-schwefelig riechende Qualmwolken, die die Basaltwände gegenüber der Kalbe einnebeln. Zurück in seinem Heimatdorf Vockerode, alarmiert der Weltklasse-Skilangläufer den dort ebenfalls ansässigen, ehemaligen Revierförster Alfred Dilling. Der eilt zum Meißner hinauf und stellt fest, daß er eine solche Rauchentwicklung während seiner jahrzehntelangen Dienstzeit auf dem Meißner nicht erlebt hat: All die Jahre hindurch haben sich die seit Jahrhunderten schwelenden Kohlenflöze durch ihren unfeinen Geruch im Umfeld der Stinksteinwand bemerkbar gemacht; auch sind seit jeher an etlichen Austrittstellen leichte Rauchentwicklungen bekannt, zeigen im Winter Löcher in der Schneedecke Spalten an, aus denen warme Luft hervortritt. Nun aber leuchtet rote Glut in etlichen Erdhöhlungen, schwelen bereits einige Gehölze und Baumstämme, droht gar ein Waldbrand.

Bergbauexperten nehmen an, daß der in den vorausgegangenen Tagen sehr wechselhafte Luftdruck wie ein Blasebalg Frischluft durch Klüfte des Berges gepumpt hat und dabei das Feuer in den Flözen angefacht wurde.

Die herbeigerufene Feuerwehr rückt mit schwerem Atemschutzgerät dem Problem zu Leibe. Strauchwerk und Bäume in der Nähe der Brandstellen werden entfernt; ein verfallener Forstweg wird instand gesetzt, um Erde heranfahren zu können. Die wird über dem Geröll am Fuße der Steinwände eingeschlämmt, um das Feuer zu ersticken.

Es dauert allerdings etliche Tage, bis die Maßnahmen Wirkung zeigen und die gewaltige weiße Rauchwolke, die über der Kalbe im Himmel steht, sich wieder verflüchtigt. Und noch Mitte Juli beginnt ein Stock zu brennen, hält man ihn eine Weile in einen Riß im Geröll.

Natürlich lockt das seltene Naturschauspiel Neugierige. Schon zu deren eigenem Schutz, denn die Gase sind giftig, wird die Brandstelle großflächig abgesperrt.

Auch in den örtlichen Medien werden die Schaulustigen aufgefordert, Abstand zu halten, das Geschehen nur von der Kalbe aus zu beobachten. Mit einem allgemein gehaltenen Hinweis auf die Brut- und Setzzeit wird zudem dringend gebeten, im Naturschutzgebiet die Wege nicht zu verlassen.

Mit bangem Blick beobachten derweil Förster und Vogelschützer den Wanderfalken-Kunsthorst in einer Steilwand über dem Braunkohlen-Restlochsee. Dort oben hudert ein Wanderfalken-Weibchen seine frisch geschlüpften Jungen, und die Naturschützer fürchten, daß die ungewohnten Beunruhigungen unter dem Horst den seltenen Greifvogel veranlassen könnten, seinen Nachwuchs aufzugeben.

Unter den sorgenvollen Beobachtern ist auch Wolfram Brauneis. Der weit über das Kreisgebiet hinaus bekannte Naturschützer ist den Wanderfalken bei der Kalbe besonders verbunden:

Die Falken am Meißner sind in freier Wildbahn geborene Tiere, deren Vorfahren einst von Falknern in Gefangenschaft gehalten wurden und zur Beizjagd abgetragen waren. Die Beizvögel waren auf den Menschen geprägt. In mühevoller Zuchtarbeit hatten Mitglieder des Deutschen Falkenordens (DFO) dann ihre zu einem Leben in Freiheit nicht mehr fähigen Falken vermehrt und Jungvögel herangezüchtet, die nicht auf den Menschen geprägt waren. Diese Nachzuchten stellte der DFO dem Naturschutz zur Verfügung.

Ab 1978 bereiteten Mitglieder eines Arbeitskreises der Hessischen Gesellschaft für Ornithologie und Naturschutz (HGON) und der Aktion Wanderfalken- und Uhuschutz (AWU) unter der Leitung von Wolfram Brauneis vom Falkenorden erhaltene Jungvögel zur Auswilderung vor und entließen sie nach einem ausgeklügelten System in die Freiheit.

Auch hat Brauneis Einsatz gezeigt, den Nistkasten in der Steilwand am Meißner anzubringen. Das hatte sich als nötig erwiesen, weil die Wanderfalken zunächst auf den breiten Terrassen Brutversuche unternommen hatten, zwei Jahre lang aber keine Jungvögel aufziehen konnten. Wahrscheinlich war ihr Nachwuchs an den für Marder und Waschbär leicht zu erreichenden Plätzen diesen Tieren zum Opfer gefallen.

Seit es im November 1985 gelang, die Nisthilfe anzubringen, zogen die Falken bis heute alljährlich Nachwuchs hoch. Und damit wäre schon verraten, daß auch 2001 die Brut erfolgreich verlief und daß die Bindung des Weibchens an seine Jungen die Angst vor dem ungewohnten Treiben überwog.

Zu danken ist auch all den Feuerwehrleuten und Zuschauern, die sich, von den Förstern und etlichen engagierten ehrenamtlichen Helfern angesprochen, sehr einsichtig verhielten. Vor allem die Feuerwehr reduzierte ihren Aufenthalt unter dem Nistbereich auf das Notwendigste und agierte sehr rücksichtsvoll.

Bransrode: Basaltbruch

Es begann nach dem ersten Weltkrieg. Zur Linderung wirtschaftlicher Not wurde der Georg Köhler GmbH der Basalt-Abbau bei Bransrode genehmigt.
Das anfängliche „Notzeit-Programm" entwickelte sich zu einem rasch fortschreitenden Großabbau.
Was Natur und Landschaft anbelangt, setzte schon 1990 Dr. Siebert vom Forstamt Bad Sooden-Allendorf die Folgen des Basaltabbaues denen des Braunkohlen-Tagebaues an der Kalbe gleich.
Im Gegensatz zum Kohlentagebau rührt sich gegen den Basaltabbau jedoch kein Widerstand. Auch um den Bau der neuen Autobahn von Kassel nach Eisenach ist es ziemlich still. Und so werden es bald drei große Wunden sein, die wir in dem immer noch so schönen, immer noch so artenreichen Meißnerland betrachten können.

Der Wind in den Wipfeln wird das Rauschen der Autos oft und vielerorts überdecken. Wie aber soll das alles weitergehen? Wie lange wollen wir immer mehr Boden versiegeln und Verkehrsströme anschwellen lassen? Können wir überhaupt noch aus einem Wirtschaftssystem heraus, das nur mit stetigem quantitativem Wachstum funktioniert, weil immer rationellere Produktionsprozesse ständig auch Arbeitsplätze vernichten? Jede Sprengung im Basaltwerk Bransrode, jede donnernde Detonation stellt diese Fragen.

Die kleinen Bilder zeigen den Bohrer für das bis zu zehn Meter tiefe Sprengloch, das Munitionsfahrzeug, die Sprengung, den Schuttkegel danach sowie die Verladung von grobem Basaltschutt.

Schnee, der große Zauberer

Meistens herrscht auf dem Großparkplatz gähnende Leere. Aber auch dann macht er schlagartig klar: Es gibt Tage, an denen der Verkehr auf dem Meißner an die Stoßzeiten einer Großstadt erinnert. So wissen die Förster und Gastwirte zu berichten, daß die jährlich insgesamt 350 000 bis 400 000 Besucher vor allem an Schönwetter-Wintertagen kommen; darüber hinaus an Wochenenden im Spätsommer und Herbst, nach den großen Ferien im fernen Ausland. Vor allem wegen dieses zeitweiligen Ansturmes hat sich der 1962 gegründete Naturpark „Meißner-Kaufunger Wald" zunächst vor allem auf die Planung und den Bau von Wanderwegen, Loipen und Rastplätzen verlegt. Die am Meißner geschaffene Infrastruktur soll nämlich nicht nur Spaziergänge, Wanderungen und Ski-Langlauf erleichtern, sondern gleichzeitig die Besucherströme lenken. Ziel ist, den Menschen die schönen Landschaftsausschnitte und die herrlichen Fernsichten zu erschließen, gleichzeitig aber Räume auszusparen, in denen die Pflanzen- und Tierwelt wenigstens einigermaßen ungestört bleibt.

Die Bilder dieser Seite spiegeln den Charakter der winterlichen Wälder der Hochebene: Mal düster-stimmungsvoll, mal starr und streng gegliedert wie die plantagenähnlichen Fichtenkulturen im kalten Mittagslicht, mal mit der angenehmen Ausstrahlung almartig wirkender Matten. Die Langläufer auf der Struthwiese, der Loipenschieber und seine Spuren verdeutlichen, daß die Technik das Leben erleichtert, uns aber auch auf festgelegten Geleisen führt. Nicht zuletzt zeigt das Gesicht des Kindes, daß auch in recht sterilen Forsten noch ein Zauber stecken kann. Der Schnee, der bringt's.

Wo der Sperlingskauz ruft

Neue Besen fegen gut. 1866 fiel das Kurfürstentum Hessen an den preußischen Staat, dessen Forstverwaltung nach einer Bestandsaufnahme 1877 und angesichts der herrschenden Holzknappheit beschloß, die Waldweide am Meißner abzuschaffen, die Weiderechte abzulösen. Zwischen 1890 und 1900 kaufte der Staat die weiten, offenen Weideflächen auf dem Plateau, um sie umgehend mit Fichten aufzuforsten. Diese Baumart, erstmals in der zweiten Hälfte des 18. Jh. am Meißner auf einigen kleinen Flächen angebaut, war im Prinzip richtig gewählt. Laubbäume wären hier auf den freien Flächen nicht gediehen: Im Vergleich zur Fichte leiden sie stärker unter Spätfrost, werden auch von den Mäusen bevorzugt verbissen – und Mäuse vermehrten sich auf den Grasflächen gut.

Leider standen bei der Aufforstung des Plateaus keine Hochlagenfichten als Saat- oder Pflanzgut zur Verfügung – die wären mit dem Klima des Meißners besser fertiggeworden. Schnee- und „Duft"-Bruch nämlich setzen dem Wald vor allem auf dem Plateau hart zu. Beispielsweise alle 20 bis 40 Jahre tritt ein ausgeprägter Duftbruch auf: Dann brechen zahlreiche Äste ab, weil sich unglaublich viel Rauhreif auf dem Geäst festsetzt. „Duft" nennen die Forstleute diesen Rauhreif, aber der ist manchmal alles, nur nicht duftig leicht. Besonders gefährlich ist die Kombination aus Naßschnee auf den Zweigen, zu dem bei Aufklaren und Kälteeinbruch Rauhreif hinzutritt: Dann brechen die Fichtenkronen reihenweise.

Bei den Fichten entstehen durch Kronenbruch die typischen Stimmgabeln, wie im Foto zu sehen. Schnee- und Duftbruch bringen die betroffenen Bäume nicht um, machen sie aber auch nicht unbedingt härter. Meist dringen Pilze an den Bruchstellen ein; in der Folge setzt Fäulnis den Wert der Stämme stark herab.

Auf dem Plateau wächst die Buche sehr langsam und wird beinhart. „Steinbuchen" nennen die Händler diese Bäume, in die man nur mit großer Mühe einen Nagel treiben kann – und zahlen dafür einen geringeren Preis.

Bleibt als Fazit: Unter dem Strich rechnet sich auf der rauhen, kalten Meißner-Hochfläche mit ihren 200

Nebeltagen pro Jahr die Forstwirtschaft nicht – aber durch den Ausbau von Wirtschaftswegen wurde das Erholungsgebiet erst erschlossen. Was also tun mit einem Fichtenforst, der unter dem Blick der reinen Lehre auf einem Großteil der Fläche in einen naturnahen Bergahorn-Buchenwald umgewandelt werden sollte, in den andererseits nach mehr als 100 Jahren nun endlich viele Pflanzen und Tiere eingewandert sind, die die Lebensgemeinschaft eines Fichten-Bergwaldes ausmachen? So kamen erst vor wenigen Jahrzehnten die ersten Tannenhäher. Dann folgte der Rauhfußkauz, und im letzten Jahrzehnt des 20. Jh. auch der Sperlingskauz. Im Bild entspricht er fast schon seiner natürlichen Größe von 16 bis 17 cm. Vor allem von Kleinvögeln der Bergfichtenwälder, daneben auch von Mäusen, ernährt sich dieser Wicht. In guten Zeiten legt er Vorräte in seinen Höhlen an – in Höhlen übrigens, die zu einem Teil in den überwallten Wunden alter Kronenbrüche entstanden sind.

Noch hat es die Forstverwaltung nicht über's Herz gebracht, die Betreuung der Plateauwälder zu extensivieren. Bei naturgemäßer Wirtschaftsweise und Verzicht auf teure Laubholzkulturen würde, ganz langsam, über Jahrhunderte hinweg, die Buche die Herrschaft übernehmen. Die Fichten haben inzwischen genügend Humus geschaffen, ihre Rückkehr zu erleichtern, und geben ihr Schutz vor der Witterung. Einige Initialpflanzungen mittlerer Größe an Buchen und Bergahorn, über das Plateau verteilt in Gattern, könnten die Entwicklung beschleunigen, sind teilweise auch schon erfolgt.

Das Rotwild kann diese Entwicklung durch Verbiß verzögern, aber nicht verhindern. Die Buche (links) zeigt deutlich, daß sie den Äsern (Mäulern) der Hirsche nun entwachsen ist.

Nehmen wir hier also den Verbiß gelassen hin – und nutzen die Wälder auf dem Plateau, indem wir, wo es wirtschaftlich sinnvoll ist, Stammholz entnehmen. Aber hören wir auf, durch Pflanzungen und andere Kulturmaßnahmen den Forst hier formen zu wollen.

Die Waldbilder auf der Hochfläche würden durch ein Loslassen urwüchsiger – und in den Augen der meisten Betrachter gewinnen.

49

Der König auf dem König

Die Tage sind kühler geworden, die Buchen verfärben sich. Erste Fröste kündigen den Winter an. Kraniche ziehen über uns hinweg in den Süden. Mit dem Röhren der alten Hirsche erlebt der Meißner einen Höhepunkt im Jahreslauf: Hirschbrunft. Ende September, Anfang Oktober zieht es die Hirsche auf den Meißner. Sie brüllen sich an, messen ihre Kräfte, pflanzen sich fort. Ein beeindruckendes Schauspiel. Rechts oben „treibt" ein Platzhirsch eine Hirschkuh.

Der Rothirsch, im Sammelbegriff über die Geschlechter und verschiedenen Altersgruppen hinweg Rotwild genannt, ist der größte wildlebende Pflanzenfresser Mitteleuropas, seit wir den Auerochsen, den Wisent und den Elch bei uns ausgerottet haben. So wurde der Rothirsch zum „König" unserer Wälder.

Während das Reh in Deutschland fast flächendeckend verbreitet ist und nur in Siedlungsgebieten fehlt, gilt das für den Rothirsch schon lange nicht mehr. Seine Verbreitungskarte zeigt ein völlig zersplittertes, inselartiges Vorkommen. „Rotwildgebiete" sind amtlich festgelegt. Außerhalb dieser Flächen, die als „rotwildfreie Gebiete" geführt werden, ist der Rothirsch unerwünscht.

Das Rotwild der verschiedenen Gebiete hat keine Möglichkeit, zwischen den einzelnen Reservaten zu wechseln. Genetische Isolation ist die Folge.

Unerwünscht ist das Rotwild, weil es wirtschaftliche Schäden am Wald, aber auch in landwirtschaftlichen Flächen verursacht. So verbeißen die Hirsche die Spitzentriebe junger Bäume – der Stamm verzweigt sich. Auch schälen sie Baumrinde – das Holz im Stamm wird faul.

Von Entwicklungsländern erwarten wir wie selbstverständlich den Erhalt der großen Pflanzenfresser, obwohl auch dort Schäden an landwirtschaftlichen Flächen entstehen.

In den Kernzonen der Rotwildgebiete sind wirtschaftliche Schäden unausweichlich. Dies auch, weil diese Gebiete meist gleichzeitig als Erholungsgebiete genutzt werden. Beunruhigungen durch den Menschen, Jäger eingeschlossen, hindern das Rotwild vielerorts, tagsüber auf den Waldwiesen Nahrung aufzunehmen. Als Folge ständiger Beunruhigung bleibt das Wild in den Dickungen, wo es seinen Hunger nur stillen kann, indem es die Rinde der Bäume schält. In Rotwildgebieten sind ungestörte Ruhezonen deshalb ungemein wichtig.

Die Hirsche auf dem Meißner werden bejagt. Jedes Jahr wird eine festgelegte Zahl von Tieren geschossen, um den Bestand nicht zu sehr anwachsen zu lassen. Das Wildbret wird an Privatpersonen und Gastronomen abgegeben und zählt zu den schönsten Gaumenfreuden, die diese Landschaft bietet.

Die Jagd führt aber auch dazu, daß das Wild den Menschen meidet. Die meisten Wanderer bekommen das Rotwild deshalb nicht zu Gesicht. Aufmerksame Naturfreunde erkennen aber die ausgetretenen Wildwechsel, die das Rotwild benutzt. Rechts ein Trittsiegel.

Anders als Rehwild, das sich nur im Winter zu „Sprüngen" zusammentut, lebt das Rotwild in Rudeln. Wir unterscheiden Kahlwild- und Hirschrudel. „Kahl" ist das weibliche Rotwild in der Jägersprache, weil es kein Geweih trägt. In einem Kahlwildrudel sind neben den erwachsenen Hirschkühen und ihren Kälbern auch die Kälber aus dem Vorjahr, die sogenannten Schmaltiere, und außerdem junge Hirsche zu finden. Das Foto auf der linken Seite zeigt ein Kalb. Das Kahlwildrudel besteht also aus Familieneinheiten, die aus Alttier mit Kalb und dem Jungtier aus dem vergangenen Jahr bestehen. Der Biologe nennt eine solche Mutterfamilie Gynopädium.

Angeführt wird das Rudel von einem Leittier. Es zieht an der Spitze des Rudels, sichert häufiger als die anderen und bestimmt die Marsch- wie auch die Fluchtrichtung. Tritt also ein Rudel auf eine Wiese hinaus, so erscheint immer zuerst das Leittier am Waldrand und prüft eingehend die Lage.

Die Rudelmitglieder profitieren von den Erfahrungen des Leittiers. Darüber hinaus ist gemeinsames, gleichgeschaltetes Handeln für Rudeltiere generell wichtig. Auch in Gefahrensituationen flüchtet das Rudel zusammen. Das erschwert seinen Jägern, sich auf ein Tier zu konzentrieren, und bringt den vielleicht entscheidenden Moment und Vorsprung.

Kleinode auf dem Plateau

Zu Beginn des Mittelalters hat ein Buchen-Bergwald die Hochflächen des Meißners bedeckt. Dann haben Rodung und Waldweide ihn bis auf Reste verdrängt. Die kurhessische Karte von 1852 zeigt einen Streifen Fichten, der sich von der Kalbe etwa einen Kilometer nach Westen zieht und von dort noch einmal so weit bis zur Viehhausstraße verläuft – Ergebnis erster Fichtenpflanzungen in der zweiten Hälfte des 18. Jh. Außerdem stand noch „ein schmales Hölzchen" Buchen oberhalb des Weiberhemdes, zum Lusthäuschen hin.

Das war's. Ansonsten waren nur noch einzelne Hutebuchen und Gebüsche über die Fläche verteilt. Wenn Sie die offenen Höhen der Langen Rhön kennen: So ähnlich müssen Sie sich das Meißner-Plateau vor 150 Jahren vorstellen!

Prof. Wilhelm Ulrich schrieb 1949: „Sonst war die Hochfläche mit Gras bedeckt, das die Herden der Meißnerdörfer abweideten; an ergiebigen Stellen wurde auch Heu gemacht, an trockenen gab es Heiderasen mit Heidelbeerbewuchs, an nassen Sumpfvegetation und Torfstich. Wachstum und Güte der Weide wird von den alten Berichterstattern sehr unterschiedlich, bald als mager und spärlich, bald als sehr nahrhaft und aromatisch geschildert, und wird auch beides je nach Feuchtigkeit des Bodens gewesen sein; im ganzen muß sich doch eine nahrhafte Weide geboten haben, sonst würde sie nicht trotz des mühsamen Auftriebes Jahrhunderte benutzt sein. Und Schaub wird schon, ..., recht haben, wenn er von den äußerst guten Grasarten, vortrefflichsten Wiesen und Viehweiden spricht und hinzufügt: Man bekommt aus diesem Grunde auf dem Meißner auch wohl die fetteste und nährhafteste Milch und schmackhafteste Butter Deutschlands."

Über den Fettgehalt der Milch kann man streiten. Der Kräuterreichtum der Bergwiesen hat den Geschmack von Milch und Käse sicher positiv beeinflußt.

Der Artenreichtum der Wiesenpflanzen rief auch Kräutersammlerinnen auf den Plan. Henrich Hoferock berichtet in seiner Schrift „Kurze Beschreibung der Stadt Eschwege von 1736": „So wachsen auch an diesem Berg allerhand stattliche, zur Arznei und in die Lustgarten dienliche, teils auch unbekannte Kräuter. Dahero von diesem, sonderlich bei Friedenszeit, Leute aus fremden Ländern nach diesem Berge gereiset, die herrlichen Kräuter einzusammeln, nämlich das treffliche, wider alles Gift würkende Kraut Scozoneram in zweierlei Gestalt, welches man sonsten mit großen Kosten aus Hispanien hat bringen lassen, und noch viele andere treffliche Kräuter mehr, so wegen des Raums nicht alle können gemeldet werden."

Schon seit Jahrhunderten also ist die Pflanzenwelt des Meißners für ihre Vielfalt und Eigenheit berühmt – und hat unter ihrem großen Ruf auch zu leiden. Prof. Ulrich konstatierte 1949 den Rückgang der Pflanzenarten auf dem Meißner und führt als Gründe

die Aufforstung des Plateaus ab 1880, die damit einhergehende Entwässerung von Feuchtwiesen und Mooren, aber auch die Erntezüge der Kräuterweiber sowie „raffige" Sammler an. Während Ulrich sich mit dem Reichtum des noch Vorhandenen tröstet, sprechen andere die verbliebenen Moore, Feucht- und Magerwiesen nur noch als erbärmliche Reste der einstigen Wiesenlandschaft an. Ein Blick auf eine aktuelle Landkarte zeigt, daß die Wiesen heute wirklich nur noch einen bescheidenen Teil der Hochfläche ausmachen. Sicher ist zudem, daß die Aufgabe der historischen Grünland-Nutzungen etliche Arten hat verschwinden lassen. Für das Auge unsichtbar auch die Nährstoffeinträge aus der Luft, die eine Stickstoffdüngung bewirken, von der nährstoffliebende Pflanzen profitieren und die charakteristischen „Hungerkünstler" der Magerrasen verdrängen.
Trotz alledem gilt: Das Weiberhemdmoor, die Struthwiese, die Viehhaus- und die Butterwiese wie auch die Hausener Hute sind Kleinodien, die nicht unwesentlich zu dem großen Ruf beitragen, den der Hohe Meißner unter Naturfreunden genießt. Der Erhalt und die Förderung dieser Reste muß hohe Priorität haben. Am ehesten vermittelt das Foto der Butterwiese (links unten) die einstige Weite der Wiesen. Links oben eine der letzten alten Hutebuchen auf dem Plateau. Die Artenbilder zeigen Scheidiges Wollgras mit seinen samentragenden Flugapparaten sowie Trollblumen, die „Blumen der Frau Holle".

Von Wiesen, Weiden und Werten

Etwa 20 verschiedene Pflanzengesellschaften der Meißner-Wiesen nennt der Pflegeplan für das Naturschutzgebiet, beschreibt sie detailliert: Wie selten sind sie im Vergleich zu Südniedersachsen und Nordhessen, zum gesamten Hessen, zu (Mittel-)Europa? Wie komplett sind die zu ihnen gehörenden Arten vertreten? Wie groß ist der Bestand, und wie wichtig ist er, um die Pflanzengesellschaft zu bewahren?

Aufgrund solcherlei Maßstäbe und gesammelter Fakten bestimmen die Biologen den Wert, die Schutznotwendigkeit, auch das Schutzbedürfnis der Gesellschaften.

Einen Aspekt dabei spielt auch die Schönheit der Pflanze. Der Wiesenknöterich unten links außen: Zweifellos schön. Auf brachgefallenen, nährstoffreichen Flächen im montanen Klima entwickelt er Massenbestände, geht bei Nutzung der Wiesen wieder zurück. Er soll nicht aussterben, ist aber auch kein Grund, auf die Nutzung der Meißner-Wiesen zu verzichten.

Wunderschön auch der blühende Rainfarn im großen rechten Bild – aber eben eine Allerweltsart auf nährstoffreichen Böden.

Das kleine, unscheinbare Foto oben zeigt eine der größten botanischen Kostbarkeiten des Meißners: das Purpurreitgras. Seine Bestände auf dem Weiberhemdmoor gehören zu den ganz wenigen außerhalb Skandinaviens. Ein Überbleibsel der letzten Kaltzeit und ein lebender Beweis für das ungewöhnliche Klima auf dem Berg.

Bei der Beurteilung des Breitblättrigen Knabenkrautes unten rechts, aufgenommen in einer feuchten Senke, werden Sie wohl mit den Experten übereinstimmen: absolut schützenswert. Oder finden Sie Orchideen zufällig langweilig?

Wo die Liebe hinfällt ...

Positive Gefühle sind der Motor für den Naturschutz. Aber sie dürfen nicht allein über Wohl und Wehe bestimmen.

Es tut weh, wird eine bunt blühende Wiese gemäht oder vernascht ein Schaf ein Knabenkraut. Aber gerade die Nutzung hat bunte Wiesen geschaffen, und Nutzungsaufgabe bedeutet ihren Niedergang.

Im großen Bild links wurde bei der Mahd ein Randstreifen als Rückzugsgebiet und Nahrungsquelle für Schmetterlinge und als Refugium für die spätblühende Prachtnelke verschont.

Die übrigen Fotos zeigen ein Grünwidderchen und eine Glockenblume.

Die Arnika auf der Hausener Hute: Eine Erfolgsgeschichte

Das große Bild zeigt einen Teil der Hausener Hute, unterhalb des Naturfreundehauses, und etliche Blüten der Arnika. Es wurde im Jahr 2000 aufgenommen.
Gut zwanzig Jahre zuvor hatten auf dieser Fläche im Juni viel mehr Arnikablüten geleuchtet – 1992 dagegen keine. Was war geschehen?
Zum Verständnis ist ein Blick auf den Charakter der Arnika und in die Entwicklungsgeschichte dieses Standortes nötig:
Die Arnika ist eine Pflanze basenarmer, frischer und nährstoffarmer Mittelgebirgswiesen und -weiden und eine charakteristische „Gesellschafterin" der dafür einst typischen, artenreichen Borstgrasrasen.
Diese Borstgrasrasen erlebten mit der Entwaldung der Mittelgebirge und mit der damit verbundenen intensiven Weidewirtschaft seit dem Mittelalter einen großen Aufschwung.
Mit der Aufforstung der Meißnerhochfläche ab 1880 änderte sich auch die Nutzung der verbliebenen Moor- und Bergwiesenflächen. Die Hausener Hute rund um das Naturfreundehaus beispielsweise wurde nicht mehr beweidet, sondern gemäht, wobei die unzähligen, winzigen Parzellen äußerst unterschiedlich genutzt wurden. Die Nutzungsänderung wirkte sich natürlich auf die Pflanzengesellschaften aus, bedeutete durch die Fülle der Nutzungen aber sogar noch eine Bereicherung.
Mit der allgemeinen Intensivierung der Landbewirtschaftung in den letzten 50 Jahren ging das Interesse an diesen nährstoffarmen, kräuterreichen Standorten zurück. Auf der Hausener Hute wurde stellenweise versucht, die Erträge mit Kunstdünger zu erhöhen. Aber das lohnte nicht, und so wurden die Wiesen schließlich sich selbst überlassen.
Nun ging es mit den artenreichen Wiesen und auch der Arnika bergab. Je nach der konkreten Fläche keimten Sträucher und Bäume, verdrängte ein Vorwald die fröhliche Kräuterwelt, oder setzten sich Gräser und Stauden durch, die von der Brache profitierten. Die mit dem Sauren Regen niedergehenden Nährstoffe taten das Ihre, die Flächen aufzudüngen und damit wüchsige, stickstoff-liebende Pflanzen zu fördern, die sich umgehend

56

anschickten, die berühmten Hungerkünstler des Meißners zu überrennen. Um den Niedergang zu stoppen, wurden 1989, nach einer Auszeit von wahrscheinlich 114 Jahren, einzelne Flächen der Hausener Hute erstmals wieder beweidet. Die ersten Versuche mit Hüteschafhaltung verliefen natürlich nicht gleich perfekt: Beweidungszeitpunkt und -intensität stimmten noch nicht.

Intensive Beobachtungen und Diskussionen führten inzwischen zu Vorgehensweisen, die der Vielzahl der Situationen immer besser gerecht wurden. So wird beispielsweise die abgebildete Fläche beim Naturfreundehaus nicht beweidet, sondern gemäht. Das hier gewonnene, sehr kräuterreiche Heu ist als hochwertiges Futter von Pferdehaltern begehrt.

Vor allem steile Flächen werden in Hüteschafhaltung beweidet.

Seit 1996 zieht die Schäferfamilie Timmerberg dreimal im Jahr mit ihren Schafen über Teile der Hausener Hute. (Unten links sehen Sie Meinolf Timmerberg auf einem Teil der Weide, auf der sich Birken und Weiden breitgemacht haben.)

Flächen, auf denen Arnika steht, werden nur bei der ersten und dritten Runde beweidet.

Die erste Beweidung erfolgt im Mai. Zu diesem Zeitpunkt hat die Arnika bereits Blattrosetten getrieben. Die aber schmecken den Schafen längst nicht so gut wie das frische Gras – und deshalb wird das Schaf im kleinen Hochformatbild die Arnika verschmähen. Das Gras aber wird in seiner Entwicklung durch den Verbiß ein Stück zurückgeworfen.

Bei der zweiten Runde werden Flächen ausgespart, auf denen viele Exemplare der Arnika heranwachsen, blühen oder auch schon fruchten, während eine Beweidung beim dritten Weidegang nicht mehr schadet: Die Pflanze hat dann bereits ausgesamt.

Die naturschutzgerechte Nutzung der letzten Jahre zeigt Wirkung: Insgesamt konnte sich die Arnika auf der Hausener Hute wieder ausbreiten, und mit ihr ebenso die Prachtnelke (rechts) und etliche Arten mehr. Die fröhlich farbigen, selten gewordenen Arten der Bergwiesen kehren zurück. Eine Naturschutz-Erfolgsgeschichte also, die auf dem Engagement einiger Persönlichkeiten aus Naturschutz, Forst und Schafhaltung, auf einer an den Lebensbedürfnissen von Pflanzen- und Tiergesellschaften orientierten Nutzung basiert.

Im zweiten Teil dieses Buches begleiten wir die Schafe auf ihrem Zug durch die faszinierende Welt der Kalkmagerrasen und der Karstlandschaft zu Füßen des Meißners.

Hüteschäferei
Wenn 1000 Schafe das Leben bestimmen

52 Knöpfe zieren die traditionelle Schäferweste, die Meinolf Timmerberg auf dem rechten Foto trägt. Jeder steht für eine Woche des Jahres. 44 große, helle Perlmutt-Knöpfe symbolisieren die Wochen, während derer die Schafe gehütet werden. Acht kleine Knöpfe am Kragen stehen für die winterlichen Stallwochen. Da fragt der moderne Mitteleuropäer: „Wo sind denn die Knöpfe für die Urlaubswochen?"

Das Leben der Schäferfamilie Timmerberg wird rundum von den Schafen bestimmt. Sonntags, zu Weihnachten, bei Sonnenschein, Regen und Kälte, im Sommer wie im Winter: Immer will die Herde versorgt sein. Und die Aufgaben, die es zu meistern gilt, sind unglaublich vielfältig. Mit dem Hüten ist es ja nicht getan. Geburtshilfe in der Lammzeit, überhaupt die Fürsorge für die Gesundheit der Tiere, die Erziehung der Hunde, die Heumahd für das Winterfutter, daneben die Vermarktung von Fleisch und Wolle, das Aushandeln von Pachtverträgen, Behördengänge, Formulare und Förderanträge: ein Ausschnitt nur aus der Fülle der Arbeiten.

Die sind nicht im Alleingang zu bewältigen, das geht nur im Team. Bei Timmerbergs ist das die Familie. Alle sechs Kinder helfen mit, soweit die Schule das erlaubt. Und Frau Timmerberg könnte den meisten Managern noch etwas beibringen, wenn es um komplexe und immer wieder zu ändernde Planung geht.

Der Beruf des Hüteschäfers hat sich noch eine gewisse Ursprünglichkeit bewahrt, rettet noch einen Hauch von Romantik in die heutige Landnutzung hinüber, die wir in der industriellen Pflanzen- und Tierproduktion vergeblich suchen. Das Foto mutet doch an wie aus einer anderen Zeit. Eine frei weidende Schafherde, gelenkt vom Schäfer und seinen Hunden. In einer an Pflanzen und Tieren reichen Kulturlandschaft, wie sie über Jahrhunderte durch die Landwirtschaft geschaffen wurde und die nur überdauern wird, wenn sie auch in Zukunft genutzt wird. Dabei sollten wir die Landwirte, und dazu gehört ja auch der selbständige Schäfer, nicht immer stärker in die Rolle bezahlter Landschaftsgärtner zwingen, um eine lebenswerte Umwelt zu erhalten. Ihre vorrangige Aufgabe muß auch in Zukunft heißen, hochwertige Nahrungsmittel zu produzieren. Wir alle aber müssen die Rahmenbedingungen fordern und schaffen und als Konsumenten auch fördern, unter denen durch Landnutzung eine intakte und lebenswerte Landschaft entsteht oder erhalten wird.

Wie wichtig eine naturverträgliche Landwirtschaft für viele Tiere und Pflanzen ist, werden wir auf den nächsten Seiten am Beispiel der Karstlandschaft sehen.

59

Karstlandschaft
Da tat sich der Boden auf

Die Karstlandschaft am nordöstlichen Fuß des Meißners: Das sind Dolomit- und Gipsklippen und Erdfälle von zum Teil unerwarteten Ausmaßen; kleine, heute aufgelassene Äcker mit alten Lesesteinhaufen und Wacholderheiden. Das 1967 ausgewiesene Naturschutzgebiet Kripp- und Hielöcher ist Kerngebiet des bedeutendsten Erdfallgebietes in Nordhessen. Das Landschaftsbild entstand an einem Wintermorgen in den Hielöchern.

Geologische Prozesse laufen meist sehr langsam ab. Wenn man Geologen zuhört, scheinen 100 000 Jahre etwa einen Wimpernschlag zu währen.

Daß Geologie aber auch sehr plötzlich und dynamisch „stattfinden" kann, das mußte Heinrich Schill aus Frankershausen am 1. Juli 1958 erfahren. Mit Frau, Kind und Kuhgespann war er damals zum Grünfutterholen in die Kripplöcher gezogen. Gerade lenkte er seine Kühe zur Heimfahrt, da brach eines der Tiere mit dem Vorderbein im Boden ein. Hastig löste er die Zugtiere vom Wagen, aber es war schon zu spät: Vor den entsetzten Augen der Familie Schill verschwanden ihre einzigen beiden Kühe im Erdboden. Ein dumpfer Aufschlag; Totenstille.

30 Meter tief sind die Kühe gestürzt. Der Verlust traf Familie Schill hart. Zusammen hatten die Tiere damals einen Wert von 2 400 DM, und das war sehr viel Geld für eine Bauernfamilie.

Auf dem Bild oben links ist die frische, noch sehr kleine Einbruchstelle zu sehen; sie wird seit dem Unglück als Kuhloch bezeichnet.

Zwei Jahre später: Heller Aufruhr in Frankershausen. Spaziergänger haben neben dem mit Maschendraht abgedeckten Kuhloch zwei Kuhschädel gefunden. Heinrich Schill (Foto rechts unten), der sofort herbeigerufen wurde, erkennt seine beiden Kühe wieder.

Wie sich später herausstellte, waren die Brüder Roland und Horst Ackermann mit einer Strickleiter ins Kuhloch eingestiegen. Ihren nicht ganz ungefährlichen Husarenstreich dokumentierten sie durch Fotos – und hinterließen außerdem die beiden gehobenen Schädel neben dem Kuhloch.

Die Bildung von Dolinen oder Erdfällen hängt mit der Wasserlöslichkeit von Mineralien zusammen. Durch die Auswaschung von Gipslagern und des im dolomitischen Kalkgestein enthaltenen Magnesiumcarbonats entstehen im Untergrund Hohlräume. Als Folge sackt der Boden über den Hohlräumen ganz allmählich trichterförmig ab. Wie im Fall des Kuhloches kann aber auch die Decke einer Höhle unvermittelt einstürzen.

Der Name des Naturschutzgebietes Kripp- und Hielöcher gibt die beiden geschilderten Möglichkeiten wieder: So rührt „Kripp" von „Krippe" (Vertiefung) und „Hie" von Höhlung her. Die bizarren Felsformationen der Karstlandschaft bestehen überwiegend aus Kalziumkarbonat, dem zweiten Bestandteil der dolomitischen Kalke – und der ist nicht so wasserlöslich.

Im Tal zwischen den Kripp- und den Hielöchern entspringen die beiden Karstquellen Breitenborn und Kressenborn. Aufgrund von Auswaschungen ist ihr Wasser sehr sulfat- und karbonatreich. Ihre Wasserschüttung war groß genug, zwei Mühlen anzutreiben: die inzwischen aufgegebene Blaue und die ebenfalls nicht mehr betriebene Obersdorfer Mühle.

Karl Köhler
Ein Zeitzeuge berichtet

Einer, der die Karstlandschaft seit Kindesbeinen kennt, ist Karl Köhler, ein Zeitzeuge und Landwirt aus Leidenschaft: „Geboren bin ich in Frankershausen; ja, die Karstlandschaft kenn' ich wie meine Westentasche. Kahl war es hier früher, steinig, kaum ein Busch wuchs auf den Hügeln. Es waren viel weniger Büsche als auf dem Foto rechts oben, und die Wacholder waren klein. Die Hänge waren blank, Futter für die Schafe wuchs dort. Schafe gab es hier schon immer, und als Kind bin ich mit dem Schäfer aus Frankershausen in die Hielöcher und die Kripplöcher gezogen; an diese Zeit habe ich schöne Erinnerungen.

Die Schafe wurden, na es war so Ende der 50er Jahre, abgeschafft. Es war schon komisch, plötzlich gab es keine Herde mehr, die auf den Hängen weidete. Na ja, die Leute hatten immer mehr Geld, Schafe lohnten sich nicht mehr richtig, weil die Wolle aus dem Ausland billiger zu uns kam.

Auch der Naturschutz kam zu dieser Zeit auf unsere Weiden. Viele seltene Pflanzen hatten sie gefunden und ein Naturschutzgebiet sollte entstehen. Und die Schafe sollten weg, denn sie würden die seltenen Blumen abfressen, hieß es. Verstanden hab ich das nicht, denn ohne Schafe würde ja alles verwildern und mit Dörnern zuwachsen. So ist es ja dann auch gekommen, fast verschwunden sind die seltenen Pflanzen in den Büschen.

Ach ja, auf dem Bild oben der Vordergrund: Das ist ein alter Acker. Die Leute haben sich den früher von Hand eingeebnet. Solche kleinen Äcker gab es viele, manche waren noch viel kleiner. Mit den Schafen haben wir früher die Äcker gedüngt, indem wir die abgeernteten Äcker nachts abgepfercht haben. Der Dung war damals sehr begehrt, weil es noch keinen Kunstdünger gab.

Seit ein paar Jahren gibt es wieder einen Schäfer in Frankershausen, seit 1996. Viele der Büsche und Wacholder hat man abgeschnitten. Und ich helfe heute wieder beim Hüten der Schafe in der Karstlandschaft."

Die Wacholderheiden der Karstlandschaft sind durch landwirtschaftliche Nutzung entstanden. Durch die geologischen Besonderheiten und die Beweidung der Hügel mit Schafen, speziell in Hütehaltung, entstanden Magerrasen, die noch durch kleinflächige Äcker bereichert wurden – eine bezaubernde Landschaft.

Mit der Nutzungsaufgabe begann die Vegetation, sich langsam zu verändern. Büsche und Baumschößlinge siedelten sich auf den einstigen Weideflächen an, langsam, Schritt für Schritt hielt der Wald Einzug. Der überwiegende Teil der einst sehr ausgedehnten Magerrasen Mitteleuropas ist mit dem Niedergang der Schafhaltung verschwunden, durch Aufforstung oder natürliche Entwicklung (Sukzession) zu Wald geworden. Auch die kleinen Äcker sind dahin und mit ihnen die Kornblumen (unten links), die Kornraden, der Acker-Rittersporn (unten rechts) und der Frauenspiegel: Sie alle gehörten hier einst zur Karstlandschaft. Und noch so viele mehr.

Auf den nächsten Seiten möchten wir Ihnen etwas vom Artenreichtum der Magerrasen erzählen und einige bemerkenswerte Pflanzen und Tiere vorstellen.

Ein Fall für Überlebenskünstler

Magerrasen sind ganz besondere Pflanzengesellschaften. Eine dünne Bodenkrume, Trockenheit, Nährstoffarmut sowie Verbiß und Tritt durch das Vieh ergeben einen schwierigen Lebensraum, mit dem nur Spezialisten klarkommen. Viele davon sind echte Hungerkünstler. Im Vergleich zu einer frischen Wiese spielt sich das Pflanzenleben auf Magerrasen wesentlich stärker unterirdisch ab. So setzen sich die Pflanzen auf einer Frischwiese zu etwa fünf Teilen aus Wurzeln und einem Teil aus oberirdischer Biomasse zusammen. Bei Magerrasen bestehen die Pflanzen zu 14 Teilen aus Wurzelmasse; nur ein Teil ihrer Gesamtmasse ist als Blattwerk, Stengel oder Blüte über dem Boden sichtbar. Magerrasenpflanzen müssen extrem lange, weit verzweigte Wurzeln ausbilden, um an das tief im Boden liegende Wasser zu gelangen. Häufig bauen sie auch dicke Speicherwurzeln aus, um Wasser für Trockenzeiten zu bevorraten.

Die Wurzeln dieser Hungerkünstler entwickeln enorme Saugleistungen, müssen sie doch das wenige, stark an den Bodenteilchen haftende Wasser in ihr Blattwerk hinaufpumpen. Das für Pflanzen wichtige Nährelement Stickstoff ist auf Magerrasen Mangelware. Deshalb haben sich einige Pflanzenarten gleich ihre eigene „Düngemittelfabrik" angeschafft. Die Wurzeln der Kleearten beispielsweise sind mit Knöllchenbakterien ausgerüstet, die Luftstickstoff binden und der Pflanze verfügbar machen. Auch oberirdisch sind die Pflanzen an den extremen Lebensraum angepaßt. Der Mauerpfeffer (links) hat dicke, fleischige Blätter ausgebildet, um Wasser zu speichern. Andere Pflanzen sind behaart, damit die über die Blätter streichende Luft gebremst und so die Verdunstung vermindert wird. Durch solcherlei Anpassungen erschließen sich viele Pflanzen ihren Lebensraum, auf dem sie dann fast konkurrenzlos gedeihen können.

Viele Menschen sind besonders vom Orchideenreichtum der Magerrasen in der Karstlandschaft beeindruckt. Im Mai blüht das Dreizähnige Knabenkraut, später, etwa zur Kirschreife, die Bienen-Ragwurz (rechts oben). Verbreitet ist auch das Ferkelpfötchen, wie die Fliegen-Ragwurz im Meißnervorland genannt wird. Die volkstümliche Bezeichnung bezieht sich auf die Unterlippe der Blüte, die an den Abdruck von Ferkelpfötchen erinnert.

Durch die Nachbildung von Fühlern, Flügeln und Hinterleib erinnern die Blüten von Fliegen- und Bienenragwurz an Insekten. Damit aber nicht genug. Zusätzlich verströmen sie Lockstoffe (Pheromone), die denen bestimmter weiblicher Wespen und Bienen stark ähneln.

Auf das Aussehen und die Düfte fallen tatsächlich Insektenmännchen herein, wollen sich mit den vermeintlichen Weibchen paaren – und verteilen bei ihrem für sie selbst fruchtlosen Versuch den Pollen der Ragwurz von Blüte zu Blüte. „Sexualtäuschblumen" nennt man diese „listigen" Pflanzen.

Noch eine ganze Reihe weiterer Orchideenarten sind in den Magerrasen der Karstlandschaft zu finden. Aufgrund ihrer Schönheit und Bekanntheit wurden sie zu einem Symbol im Naturschutz, konzentrierten sie viele Schutzbemühungen auf sich.

Es wäre aber ein Fehler, würden wir uns vor lauter Begeisterung allein um den Schutz und die Förderung von Orchideen bemühen und darüber all die anderen Naturwunder der Magerrasen vergessen. Damit würden wir etliche andere, zum Teil stark bedrohte Pflanzen und Tiere dieses Lebensraumes vernachlässigen, könnten uns auch nicht auf die Sachzwänge einstellen, die mit der Hüteschäferei verbunden sind.

30 bis 40 Pflanzenarten pro Quadratmeter sind im Magerrasen keine Seltenheit. Sie sind die Nahrungsgrundlage für viele Insektenarten, die in der Nahrungskette wiederum Bindeglieder zu den Reptilien und Vögeln darstellen.

Der Fransen-Enzian rechts blüht erst Ende August. Er ist an die Beweidung angepaßt – wie, das erfahren Sie auf Seite 72.

Bezaubern, täuschen und bestechen

Schmetterlinge haben es uns Menschen angetan. Mit ihnen verbinden wir Begriffe wie Sommer, Farbe, Blumen, Leichtigkeit und Freiheit. Einst zierten sie viele Grabsteine. Ihre Verwandlung von der gefräßigen, schwerfälligen Raupe zum starren Kokon und dann zum Schmetterling stand für Leben, Tod und Auferstehung des Menschen.

Wer Schmetterlinge liebt, muß Magerrasen schützen. Denn beide sind eng miteinander verbunden. Mehr als die Hälfte der heimischen Tagfalterarten nutzen diesen Lebensraum.

Mit nur 10–12 mm Vorderflügelspannweite ist der Zwergbläuling der kleinste Tagfalter Mitteleuropas. Links ist er etwa in Originalgröße zu sehen. Seine Raupen leben bei uns am Wundklee, auf dem der abgebildete Falter auch sitzt.

Seinen Lebensraum teilt er mit seinem größten Vetter aus der Familie der Bläulinge, dem Quendelameisenbläuling (Foto unten rechts). Ein merkwürdiger Cousin, der in seiner Fortpflanzungsweise erstaunliche Wege gegangen ist. In der Fachsprache wird er als myrmikophil bezeichnet. Er ist also mit „Ameisen befreundet" (myrmica = Ameise, philos = Freund). Gute Freundschaften stelle ich mir allerdings ein wenig anders vor:

Die Raupen des Quendelameisenbläulings fressen an Thymian und Dost. Im Spätsommer gehen sie auf den Boden. Mit Glück begegnen sie dort einer Vertreterin einer bestimmten Ameisenart. Nun folgt ein Ritual, in dessen Verlauf die Ameise die Raupe nicht frißt, sondern „adoptiert". Damit erkennt die Ameise die Schmetterlingsraupe als arteigene Ameisenlarve an und trägt sie sogleich in ihren Bau. Hier verbringt die Raupe den Winter und ernährt sich – „Freundschaft" hin oder her – von der Ameisenbrut.

Das Zusammenspiel zeigt die manchmal unglaubliche Komplexität von

Lebensraumansprüchen. Die richtigen Futterpflanzen allein nutzen diesem Bläuling nichts, tritt nicht noch die Anwesenheit einer speziellen Ameisenart hinzu.

Zur Unterfamilie der Dismorphiinae, frei übersetzt der „Mißgestalteten", gehören die beiden Leguminosenweißlinge auf dem großen Foto auf der linken Seite. Die wissenschaftliche Benennung bleibt beim Anblick der Tiere allerdings unerklärlich. Der Kreuzdornzipfelfalter rechts oben ist ein selten gewordener Bewohner des besonnten Weidelandes. Meist sitzt er kopfüber auf den Blüten, streckt seine auffällig gezeichneten Hinterflügel mit den Zipfeln und dem darunter liegenden Augenfleck in den Himmel. Unablässig bewegt er seine Hinterflügel in jeweils gegenläufiger Richtung. Sitzposition, Augenfleck, die sich bewegenden, wie Fühler wirkenden Zipfel: Oft verwechseln Vögel vorn und hinten und attackieren den Hinterflügel – wodurch dem Zipfelfalter die Flucht nach vorn noch möglich bleibt.
Wie gesagt, der Kreuzdornzipfelfalter ist selten geworden, und deshalb ist es wichtig, bei der Entbuschung von Kalkmagerrasen genügend kleine Kreuzdorn-Büsche als Nahrungsgrundlage der Raupen zu verschonen.

In der Karstlandschaft ausgestorben ist der Segelfalter. Als die Hutungen im Werra-Meißner-Kreis noch weite Landstriche einnahmen, lebten seine Raupen an kleinen, über Kalkscherben wachsenden Schwarzdornbüschen an steilen Südhängen. An diesen sehr warmen Standorten fanden die Raupen ähnliche Bedingungen wie im mediterranen Hauptverbreitungsgebiet des Segelfalters, wo er an Pfirsichbäumen lebt. Der ähnliche und viel bekanntere Schwalbenschwanz ist in der Karstlandschaft auch heute noch heimisch. Seine Raupen fressen unter anderem an der Wilden Möhre. Bekannt ist der Schwalbenschwanz für seine Gipfelbalz, das sogenannte „hilltopping". Die beiden Geschlechter versammeln sich dabei an aufragenden, unbewaldeten Kuppen und vollführen dort ihre Balzspiele.

Auf dem kleinen Foto rechts „stören" wir gerade zwei Scheckenfalter bei der Paarung.

67

Die sich's leisten können

Rot und schwarz: Das schmeckt nicht. In der Vogelwelt hat sich diese Erkenntnis bereits herumgesprochen. Wer das noch nicht weiß oder nicht glauben will, bereut seine kulinarische Verirrung zutiefst. „Rotwidderchen", Schmetterlinge von schwarzer Farbe mit roten Flecken, schmecken nämlich scheußlich. Das hängt mit ihrem Gehalt an Blausäure zusammen. Einmal probieren und ausspucken reicht, um die Farbenkombination unauslöschbar als Symbol alles Ungenießbaren ins Vogelhirn zu brennen.

Diese Sicherheit hat die Widderchen allerdings träge gemacht. Bei Annäherung möglicher Feinde flüchten sie, wenn überhaupt, meist sehr spät. Ganz im Gegensatz also zu den meisten anderen Schmetterlingen. Ihre nur noch schwach ausgeprägten Flugfähigkeiten bedeuten inzwischen auch große Nachteile, denn die in der Landschaft verbliebenen Widderchen-Lebensräume sind meist durch intensive Landwirtschaft und Waldflächen getrennt und sehr verinselt gelegen. Ein genetischer Austausch zwischen den einzelnen Populationen, aber auch die Wiederbesiedelung verwaister Magerrasen, ist in vielen Fällen nicht mehr möglich. Das Beispiel zeigt einmal mehr, wie wichtig die Vernetzung der Magerrasen zum Beispiel durch Schaftriften ist, die eine Brücke zu neuen Lebensräumen bzw. zum Austausch zwischen Populationen schaffen.

Obwohl tagaktiv, stellt die Systematik die Widderchen zu den Nachtfaltern. Auch setzen nicht alle Arten auf den Schwarz-Rot-Schutz. Es gibt eine Reihe von Grünwidderchen.

Auf dem Foto links haben sich Esparsettenwidderchen auf einer Skabiosenblüte versammelt. Die Bildung von Schlafgemeinschaften ist typisch für diese Art und wird als „Parkgesellschaft" bezeichnet. Man vermutet, daß durch die Ansammlung die Wirkung der Warnfärbung noch verstärkt wird. Die Blattläuse, die gerade den Blütenstengel hinablaufen, waren auf der Blüte zuhause, bevor die Widderchen den „Parkplatz" beanspruchten. Nun suchen sie eine neue Bleibe.

Für den Laien ist es schwer, die verschiedenen Widderchen auseinander zu halten. Beim Esparsettenwidderchen ist das jedoch denkbar einfach. Es ist die einzige Art, bei der die roten Flecken durch weiße oder gelbliche Ränder eingefaßt sind.

Im rechten Bild ist eine Bestimmung schwieriger. Die gezeigten Widderchen gehören zu einer von zwei Arten, die für das unbewaffnete Auge identisch aussehen. Nur der Blick durch's Mikroskop erlaubt die Entscheidung zwischen Thymian- und Bibernellwidderchen.

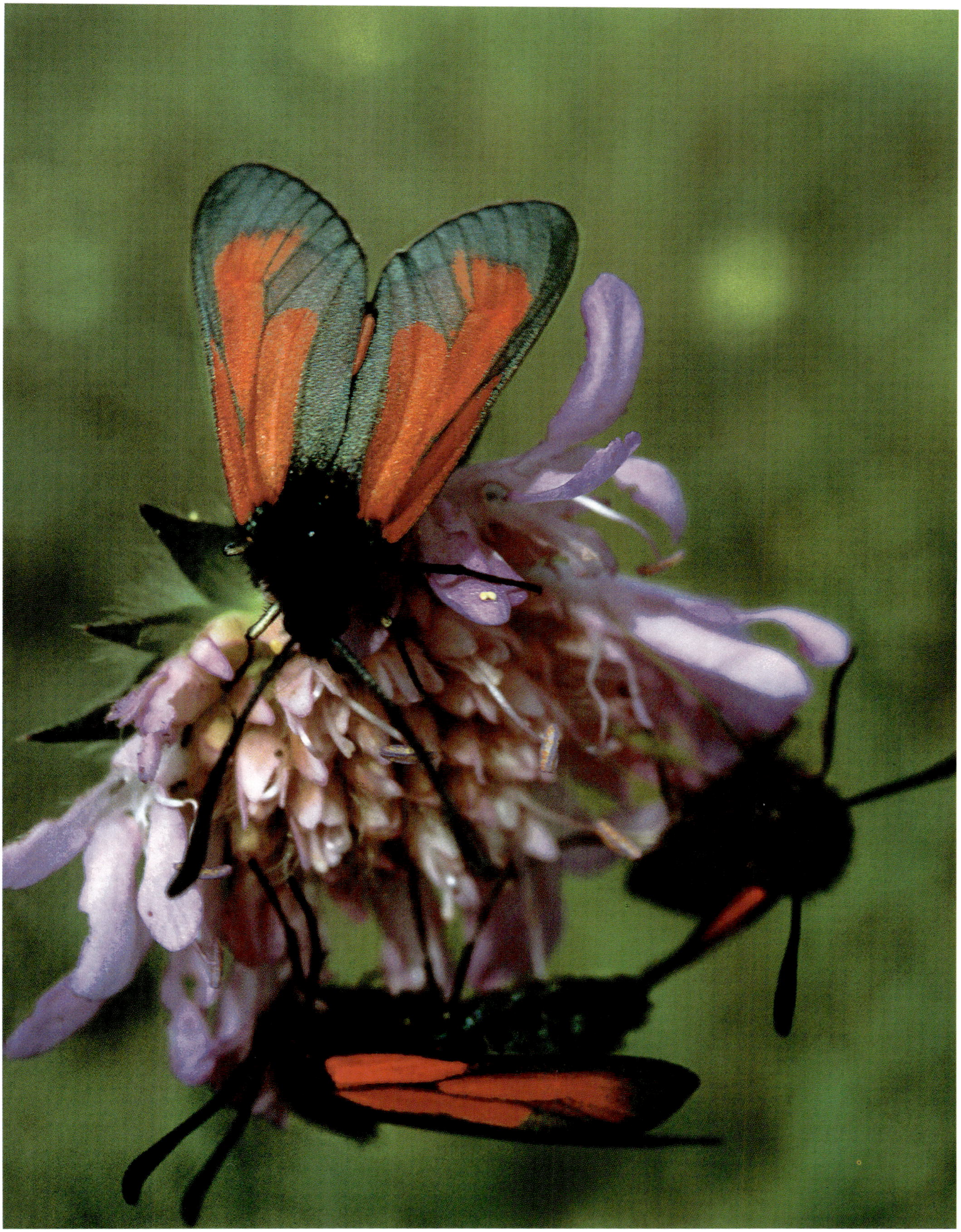

Und da wären dann noch ...

Geradezu gefährlich wirkt die Zauneidechse auf dem Bild unten, und dennoch muß sich diese in den Magerrasen der Karstlandschaft häufiger auftretende Art vor zahlreichen Feinden in Acht nehmen – beispielsweise vor der Schlingnatter. Beide bewohnen gern die Lesesteinhaufen in der Karstlandschaft, weil sie gute Verstecke und auch geschützte Plätze zum Sonnenbaden bieten. Gefahr droht der Eidechse auch vom Rotrückenwürger oder Neuntöter (großes Bild). Der fehlt in keinem etwas größeren Magerrasen, weil er hier sowohl eine reiche Insekten- und Kleintierwelt findet wie auch zahlreiche Dornenbüsche.
Der Neuntöter ist ein Singvogel aus der Gewichtsklasse des Haussperlings – und trotzdem gehören sogar Mäuse zu seinem Beutespektrum. Daß er erstaunlich große Tiere überwältigt, liegt einerseits an seiner Schnabelform: Der sogenannte „Falkenzahn", eine Auskerbung im Oberschnabel mit entsprechender Kerbe im Unterschnabel, wie er auch bei den Falken vorkommt, hilft, die Beute sicher zu packen und schnell zu töten. Darüber hinaus spießt der Rotrückenwürger seine Beute auf Dornen auf oder klemmt sie in Astgabeln ein, um sie besser zu bewältigen. Bei gutem Nahrungsangebot bewahrt er einen Vorrat von Beutetieren auf - und daraus entstand irgendwie der Aberglaube, der Neuntöter töte immer erst neun Opfer, bevor er eines verzehre.

Der große Strukturreichtum der Karstlandschaft mit warmem, insektenreichem Offenland, Gebüschgruppen, Heckenriegeln und Felspartien zieht noch zahlreiche weitere Vogelarten an. Gerade die Grasmücken, hinter denen man aufgrund des Namens als Laie Insekten vermuten könnte, sind reich vertreten. Dorn-, Klapper-, Mönchs- und Gartengrasmücke geben sich in den Hecken ein Stelldichein.

Zur Blütezeit der Schafhaltung war die Karstlandschaft sehr viel kahler und karger als heute. Felspartien und steinige Bereiche traten offener zutage. Damals brütete noch der Steinschmätzer auf den Schafhutungen. Heute kann man ihn nur noch auf dem Durchzug als Rastvogel sehen. Im Herbst locken Wacholderbeeren Schwärme durchziehender Wacholderdrosseln auf die Heideflächen. Begierig verschlingen sie die Wacholderbeeren und verbreiten die unverdaulichen Samen der Frucht über viele Kilometer.

Mit etwas Glück trifft man in der Karstlandschaft an verregneten Tagen ein Tier, das man auf Kalkmagerrasen nicht vermuten würde: den Feuersalamander. Er lebt in Dolinen und Vorwaldstadien, die genügend Feuchtigkeit aufweisen. Zur Fortpflanzung ziehen die Salamander an den Mühlgraben unten im Tal, wo sie lebende Larven absetzen.

Die Wespenspinne im kleinen Bild hat sich in den vergangenen Jahren nordwärts ausgebreitet. Auch sie liebt die warmen und insektenreichen

Magerrasen. Kommt ein Feind in ihre Nähe, beginnt sie mit ihrem ganzen Netz zu schwingen. Das verstärkt wahrscheinlich die abschreckende Wirkung der „Wespenoptik".

So beeindruckend und farbenfroh die letzten acht Seiten auch sind: Sie bleiben letztlich nur ein bescheidener Versuch, den Artenreichtum an Pflanzen und Tieren darzustellen. Vielleicht ist aber deutlich geworden, daß viele Artengruppen die Magerrasen als Lebensraum brauchen. Es kann bei Schutzkonzepten also niemals nur um die Orchideen, die Vögel oder die Schmetterlinge, sondern es muß immer um das Ganze gehen. Vergleichen Sie es bitte mit einem Orchester. Der eine schätzt die Bläser und der andere die Streicher; noch ein anderer ist in die Pauken verliebt. Grandios für alle wird das Konzert aber erst durch das harmonische Zusammenspiel.

Der Lebensraum Magerrasen ist durch landwirtschaftliche Nutzung als Schaf- und Ziegenweide entstanden. Auf den nächsten beiden Seiten werden Sie sehen, welchen entscheidenden Einfluß weidende Schafe und Ziegen auf den Lebensraum haben, wie ihre „Arbeit" die Lebensgemeinschaft formt.

Mit Zähnen und Klauen –
Wie Schafe die Vegetation beeinflussen

Pflanzenfresser fressen Pflanzen. Das ist so seit unermeßlicher Zeit. Keine Pflanze ohne Pflanzenfresser – und die Pflanze scheint dabei hoffnungslos im Nachteil zu sein, kann sie sich dem Tier doch nicht entziehen. Allerdings hat das jahrmillionenwährende Nebeneinander bei den Pflanzen zu Anpassungen an den Verbiß geführt. Bitter, stachelig, ungenießbar, giftig, unerreichbar, unverwüstlich sind viele Pflanzen im Laufe der Entwicklung geworden, oder genauer – die Pflanzenfresser ließen sie so werden, indem sie immer die wohlschmeckenden fraßen, während die weniger genießbaren sich entwickeln und vermehren konnten.

Auf den Magerrasen führen Schaf und Ziege das lange Wechselspiel zwischen Pflanze und Tier seit Jahrhunderten unter Obhut des Menschen fort. Dabei hat die traditionsreiche Hütehaltung die Rahmenbedingungen für die Beziehungen zwischen Pflanzenwelt und Weidetieren gesetzt, Rahmenbedingungen, nach denen quasi gesetzmäßig typische Pflanzengesellschaften entstanden. Denn so ein Schaf wählt ja ständig beim Fressen: Wohlschmeckendes wird verzehrt, andere Pflanzen werden verschmäht.

Es ist deshalb kein Wunder, daß eine Vielzahl und vor allem die typischen Pflanzen einer Wacholderheide an das Schafmaul angepaßt sind. Das naheliegendste Beispiel ist der Wacholder selbst. Stachelig und voller ätherischer Öle, wird er von den Schafen gemieden. Er breitet sich im Laufe der Zeit immer weiter auf den Hutungen aus: ein typisches „Weideunkraut". Weideunkraut? Eine Pflanze, die mit Naturschutz, mit Romantik in Verbindung gebracht wird, ein Weideunkraut?

Ja und nein. Man mußte ihn schneiden, wenn er drohte, Hutungen zu überwuchern. Gleichzeitig bot er mehrfachen Nutzen. Er wurde verbrannt, um in seinem Qualm Schinken zu räuchern. Aus seinen Beeren wurde Schnaps gebrannt. Vor der Haustüre dienten seine Zweige als Fußabtreter. Das „Unkraut" war also Folge der Landnutzung und bot den Menschen selbst auch wieder Nutzen.

Weitere Beispiele von „Weideunkräutern" sind die für Schafe giftige Zypressen-Wolfsmilch und die bitteren Enziane. Den Schafen zu stachelig sind die Dornige Hauhechel und die Disteln; unerreichbar für das Tiermaul die dicht an den Boden geschmiegten Rosetten vieler Pflanzen.

Man könnte sich nun fragen, was Schafe überhaupt fressen auf so einer Wacholderheide, wenn es dort so viele Weideunkräuter gibt. Nun, da sind noch die Gräser, die Baum- und Buschschößlinge sowie Pflanzen, denen die Beweidung nicht viel ausmacht. Diese Pflanzen erholen sich sehr schnell nach dem Verbiß und nutzen die Zeit bis zur nächsten Beweidung, um erneut auszutreiben, zu blühen und auszusamen.

Wird die Beweidung dauerhaft aufgegeben, so werden die an sie angepaßten Spezialisten von Arten überwuchert, die in der geänderten Situation konkurrenzstärker sind, und verschwinden nach und nach. Die Fieder-Zwenke ist beispielsweise ein Gras, das sich auf brachgefallenen Magerrasen schnell ausbreitet und einen dichten Teppich bildet, der die lichtliebenden Pflanzen unterdrückt. Thymian ist auf beweideten Wacholderheiden häufig, denn er wird von Schafen in Hütehaltung praktisch nicht angerührt. Besonders aber profitiert er von den Klauen der Tiere: Der Boden wird durch den Tritt der Schafe stellenweise freigelegt. Offene Bodenstellen sind „Keimbetten", die optimale Keimbedingungen für den Thymian, für Enzian und andere Pflanzen bieten.

Ungewollt, ganz von selbst wird eine wandernde Schafherde auch zum Transportmittel: Samen und selbst kleine Tiere bleiben in der Wolle oder in den Klauen haften und werden so ein Stück weit mitgeschleppt, bis sie wieder ausfallen. Selbst der Verdauungstrakt der Schafe dient als Beförderungsmittel. So sind wandernde Schafe „lebende Biotopverbünde", die der genetischen Verarmung auf den heute meist isoliert in der Landschaft liegenden Schafhutungen entgegenwirken.
Auf den drei Pflanzenfotos sind typische Arten abgebildet, die von Schafen gemieden werden. Links Thymian, in der Mitte Deutscher Enzian mit Wacholder im Vordergrund und rechts die Golddistel. Auf dem Thymianbild erkennt man oben rechts noch die giftige Zypressen-Wolfsmilch.

Hüteschäferei – ein fast ausgestorbenes Handwerk

Schafe und Ziegen sind die ältesten Wirtschaftstiere des Menschen. In den Bergregionen Südwestasiens begann ihre Haltung bereits am Ende des 9. Jahr*tausends* vor Christus. Etwa 7000 v. Chr. erreichen die ersten Schafe Europa. In Mitteleuropa hielt die Schafhaltung in der Jungsteinzeit Einzug, also etwa 4000 Jahre v. Chr.

Das Schaf war ein wertvoller und lange Zeit unentbehrlicher Lieferant für Wolle, Fleisch, Milch und Dünger. Ein Tier also „für alle Fälle" und neben der Ziege das Haustier, das aus der bescheidensten Futtergrundlage viele verschiedene Rohstoffe liefert.

Im Werra-Meißner-Kreis wurden Schafe bis in die 50er Jahre auf Flächen gehütet, die für Ackerland oder als Wiese nicht taugten. Steil, uneben, steinig oder zu wenig ertragreich für einen Schnitt mit der Sense, wurden diese landwirtschaftlichen Grenzstandorte vom Schäfer genutzt. Schafhaltung und Ackerbau waren dabei untrennbar miteinander verbunden, denn Schafe sind die wohl ältesten „Düngemaschinen", die wir kennen. Während sie tagsüber auf den kargen Weiden gehütet wurden, stellte man sie über Nacht auf gemähte Wiesen sowie abgeerntete oder brachliegende Äcker, um den Kot, den die Tiere hauptsächlich nachts abgeben, als Dünger zu nutzen. Der Schäfer schlief dabei häufig im Schäferkarren, um den Pferch in der Nacht einmal umstellen zu können. So war es möglich, mehr Fläche zu düngen. Bis zur Erfindung des Kunstdüngers hatte Dung den gleichen Stellenwert wie Wolle, Fleisch und Milch.

Durch diese Art der Nutzung entstanden Magerrasen, die zur Blütezeit der Hüteschafhaltung in Mitteleuropa weite Landstriche einnahmen. Rund 30 Millionen Schafe weideten zu jener Zeit in Deutschland. Heute sind es nur noch etwa 2 Millionen.

Die Nutzung der heute meist als Naturschutzgebiet ausgewiesenen Magerrasen durch Hüteschafhaltung ist die Basis für den Erhalt, aber auch für die Wiederherstellung der bereits an vielen Orten verbuschten Schafhutungen.

Traditionelle Schafhaltung kam fast ohne Zäune aus. Die gab es nur für den Nachtpferch. Er bestand aus schweren, aber doch noch transportablen Holzhorden. Schafhaltung war untrennbar mit dem freien Hüten der Schafe verbunden.

Die Nutzung typischer Schafweiden mit geringem Aufwuchs und in schwierigem Gelände, aber auch das Beweiden von Wegen und Böschungen zwangen sogar dazu, die Schafe zu hüten. Es wäre unmöglich gewesen, Holzhorden an steilen, unebenen, ertragsarmen Weiden aufzustellen, um die Schafe tagsüber darin weiden zu lassen. Der Aufwand wäre viel zu groß, der Nutzen viel zu gering gewesen. Es hätte mehr Zeit benötigt, den Zaun aufzustellen, als die Schafe gebraucht hätten, die karge Vegetation auf der Fläche abzuweiden.

Auch für die Herde selbst ist die ständige Anwesenheit des Schäfers von Vorteil. So hat er die Tiere stets im Blick und kann Krankheiten und Verletzungen schnell erkennen und behandeln.

Ohne Hunde wiederum ist Hüteschafhaltung undenkbar. Greifen, Wehren und Flankieren, Seitenwechsel, Herausstellen, Vorstellen und Kippen: Das sind die Grundarbeiten eines Hütehundes. Leicht vorstellbar, wie viel Zeit die Ausbildung eines guten Hundes in Anspruch nimmt und welche züchterische Leistung über viele Generationen erbracht wurde.

Leider geht die Hüteschafhaltung heutzutage zurück. Elektrozäune sollen das Hütehandwerk und die Hunde ersetzen. Auch auf typischen Schafweiden, etwa Wacholderheiden, werden immer häufiger Elektrozäune eingesetzt. Die Schafe werden dabei oft als „landschaftspflegende Rasenmäher" gesehen. Wer das vorhergehende Kapitel gelesen hat, wird den häufig benutzten Vergleich von Weidetieren mit Rasenmähern als mißlungen erkennen. Ein Rasenmäher wählt nicht zwischen wohlschmeckenden, bitteren oder giftigen Pflanzen aus; er produziert Abgase und vielfach unverwertetes Schnittgut. Weidetiere hingegen verwandeln die Vegetation in hochwertiges Fleisch.

Natürlich hat der Rückgang der Hüteschafhaltung seine Gründe. Immer schwieriger wird es beispielsweise, mit der Herde durch die Landschaft zu ziehen. Vor allem von Hauptverkehrsadern durchzogene Flußtäler bieten vielerorts unüberwindbare Hindernisse.

Der wirtschaftliche Druck zwingt die Schäfereien, ihre Herden immer weiter aufzustocken. 1000 Schafe muß eine Familie heute halten, um davon leben zu können. Benutzt eine solche Schafherde eine öffentliche Straße, müssen Autofahrer Geduld und Verständnis aufbringen.

Dem Rückgang der Hüteschafhaltung muß dringend Einhalt geboten werden. Nur sie ist in der Lage, die ursprüngliche Nutzung der noch verbliebenen Magerrasen und damit ihren gewachsenen Artenreichtum zu sichern.

Das Bild oben stammt aus der Karstlandschaft bei Frankershausen. Von den Kripplöchern kommend, wird die Schafherde zu den Hielöchern geführt.

Altes Handwerk, neues Management

„Naturschutzfachlich" werden die Magerrasen am Meißner heute bewirtschaftet. Das bedeutet: Die Nutzung der Heiden folgt dem historischen Vorbild, jedoch unter Berücksichtigung spezieller Naturschutzziele. So werden bei der ersten Beweidung im Mai besonders reiche oder wichtige Orchideenstandorte vom Weidegang ausgespart, damit diese Pflanzen sich ungestört vermehren können. Dazu werden die Orchideenstandorte zunächst durch farbige Bänder kenntlich gemacht. Um die Schafe an einer Beweidung zu hindern, wird beim Weidegang entweder ein Schnellzaun errichtet, oder die Fläche wird, wie auf dem Foto oben rechts, durch einen Hund begrenzt. Die Schafe weiden dabei nur bis vor den „abgelegten" Hund; deutlich sind die der Markierung dienenden weißen Bänder zu erkennen.
Beim zweiten Beweidungsgang, etwa Ende Juni, werden vor allem solche Flächen ausgespart, die für Schmetterlinge besonders wertvoll sind. Und auch beim dritten Beweidungsgang Ende August werden die Heiden nicht „uniform" abgeweidet.
So entsteht ein Mosaik aus Flächen, die zu verschiedenen Zeitpunkten unterschiedlich intensiv genutzt werden, und zusätzlich bleiben jahrweise einzelne Flächen ungenutzt. Auch dieses Nutzungsmosaik ist ein wesentlicher Baustein der großen Artenvielfalt auf den Heiden.

Wie auf dem Schnappschuß unten rechts zu sehen, frißt so ein Schaf auch Orchideen. Trotzdem bleibt festzuhalten, daß die traditionelle Hüteschafhaltung den Orchideen der Magerrasen zu einer großen Blütezeit verholfen hat, und daß die naturschutzfachliche Beweidung die durch den Niedergang der Hüteschafhaltung selten gewordenen Arten auf den verbliebenen Magerrasen deutlich fördert.
An die historische Nutzung anzuknüpfen heißt auch, die Schafe tags auf der Heide zu hüten und sie abends auf Nachtpferchflächen zu führen, auf denen der größte Prozentanteil der täglichen Abgabe von Kot und Urin erfolgt. Das bewirkt die gewünschte Aushagerung, also die für viele Arten so wichtige Nährstoffminderung auf den Wacholderheiden.

Schon die bisherigen Ausführungen haben sicher deutlich gemacht, daß die naturschutzfachliche Nutzung ohne die gute Zusammenarbeit von Naturschutz und Schäfereibetrieb Timmerberg nicht denkbar wäre. Unverzichtbar war dabei, die Beweidung der Naturschutzflächen in den Jahresablauf des Schäfereibetriebs einzupassen und seine Sachzwänge zu berücksichtigen.

Die Nutzung der Karstlandschaft ist verwoben mit einem Beweidungskonzept für Naturschutzflächen auf dem Meißnerplateau und für wichtige Wacholderheiden im Meißnervorland. Dabei beginnt die Beweidung im Frühjahr in der Karstlandschaft. Von dort zieht die Herde auf das Meißnerplateau, auf die Borstgrasrasen der Hausener Hute. Weiter geht es ins nördliche Meißnervorland, ins Naturschutzgebiet Bühlchen bei Weißenbach. Anschließend wird die Herde auf Weideflächen nach Oberrieden geführt. Ist die Beweidung auch dort abgeschlossen, zieht die Herde wieder in die Karstlandschaft, und der zweite Beweidungsgang beginnt. Seit der ersten Beweidung sind dann sechs bis sieben Wochen vergangen.

Insgesamt dreimal im Jahr zieht die Schafherde so um den und über den Meißner. Dann naht der Winter, und den verbringen die Schafe auf dem 30 km entfernt gelegenen Kalkhof in Wanfried. Dort liegen Winterweiden und ein Stall.

Das Bild auf der linken Seite zeigt Schäfer Timmerberg mit seiner Herde beim ersten Beweidungsgang im Mai im Naturschutzgebietsteil „Hielöcher" in Frankershausen.

Und viele Hände halfen:
Die Rückkehr des Bewährten

Mit der Aufgabe der Schafhaltung in Frankershausen Ende der 50er Jahre des letzten Jahrhunderts begann der schleichende Niedergang der Wacholderheiden. Zwar zog bis in die 60er Jahre hinein noch ein Schäfer aus dem benachbarten Kammerbach auf die Hutungen; ein Ende der Schafhaltung war aber aufgrund abnehmender Erlöse greifbar geworden.

In dieser Situation begann der Naturschutz, sich zunehmend für die Pflanzen- und Tierwelt der Hutungen zu interessieren – und beschleunigte ungewollt den Niedergang der Magerrasen. Schafe paßten nach dem damaligen Wissensstand nämlich nicht ins Konzept. Die Natur sollte in Ruhe gelassen werden, schützen wollte man sie. Die Schafe, so hieß es, würden die seltenen Pflanzen, besonders die Orchideen, auffressen. Als auch die letzte Schafherde aus der Karstlandschaft verschwunden war, traten Gebüsche und Wacholder einen rasanten Siegeszug über die Magerrasen an. Immer wieder schnitt der damalige Naturschutz die Gehölze zurück. Je mehr man aber schnitt, desto mehr Gebüsch wuchs nach.

Sogar mit Gift wurde versucht, den Vormarsch des Waldes zu stoppen. In den 90er Jahren waren nur noch spärliche Reste der einstigen Heiden übriggeblieben. Für diese Situation steht das obere Foto auf dieser Seite. Sein Titel: „Der letzte Mohikaner".

1995 kam die Wende. In jenem Jahr entstand ein Beweidungskonzept für den Erhalt und die Wiederherstellung der Wacholderheiden in der Karstlandschaft bei Frankershausen, wurde eine Schäferei gefunden, die an einer Beweidung der ehemaligen Hutungen interessiert war und auch die Bereitschaft mitbrachte, dabei eng mit dem nun „klug gewordenen" Naturschutz zu kooperieren.
Bevor mit der Beweidung begonnen werden konnte, mußten jedoch die Hutungen erst wieder hergestellt werden! Dem Schaf im Vordergrund oben rechts sieht man die Frage ja regelrecht an: „Was soll ich hier eigentlich fressen?"
Die überzähligen Dornbüsche, Wacholder und Bäume mußten also erst einmal abgeschnitten werden. Offen und warm müssen die Flächen für Tiere und Pflanzen der Magerra-

sen sein. Offen muß das Gelände sein, damit der Schäfer seine Herde hüten kann.

Das Gestrüpp wurde abgesägt, zusammengetragen und an Ort und Stelle verbrannt. Entgegen ersten Befürchtungen erwiesen sich die Brandstellen als unproblematisch, sogar als Bereicherung. Einerseits nehmen sie jeweils nur wenige Quadratmeter ein, andererseits wurden sie schon nach wenigen Jahren wieder von typischen Magerrasenpflanzen erobert. In der Zwischenzeit aber wuchsen dort etliche, zum Teil ebenfalls seltene Pflanzen, und darunter viele, die besonders für Schmetterlinge als Nektarpflanzen wertvoll sind. Auf den beiden kleinen Bildern unten sehen Sie ein und dieselbe Wacholderheide vor und nach der Entbuschung.

Einzelne Weideflächen wurden durch Entbuschungen so miteinander verbunden, daß die Herde gut von einer zur nächsten ziehen kann – ein Biotopverbund entstand.

Viele Menschen haben bei den praktischen Arbeiten geholfen. Neben den zuständigen Behörden und dem Schäfereibetrieb auch ehrenamtliche Helfer, etwa Mitglieder von Naturschutzverbänden oder die Jugendfeuerwehr in Frankershausen. Auch die FUN, ein Projekt des Vereins „Werkstatt für junge Menschen", das die Wiedereingliederung langzeitarbeitsloser Jugendlicher zum Ziel hat, hat große Flächen Wacholderheide in Auftragsarbeit wiederhergestellt. Die Abkürzung FUN steht für „Forst, Umwelt und Naturschutz".

Die beiden nicht besprochenen Bilder zeigen die Jugendfeuerwehr Frankershausen beim Verbrennen von Gestrüpp und Meinolf Timmerberg, der mit dem Freischneidegerät Platz für die Schafherde schafft.

Dreiklang aus Mensch, Tier und Natur

Wer kann sich schon der Faszination einer Wacholderheide entziehen, auf der Schafe weiden? Einerseits geht eine große Ruhe von der Herde aus, andererseits ist auch viel Bewegung darin. Ein Lamm möchte an der Mutter trinken; andere jagen sich wie vom Teufel geritten; eine Ziege hat einen Felsen erklommen und steht so weit oben, daß man sich fragt, wie sie je wieder herunter kommt. Untermalt wird das Treiben vom Geräusch der Mäuler, die Gräser und Kräuter zupfen und mahlen.

Beim Besuch von Schulklassen erleben die Kinder diese Szene oft zum ersten Mal – und sehen Landwirtschaft von ihrer besten Seite. Als ein enges Verhältnis zwischen dem Menschen und seinem uralten Haustier „Hund", und ebenso als symbolhafte Gemeinschaft vom Hirten und seiner Herde. Der Mensch als wohlwollender Beschützer der ihm anvertrauten Tiere: „Der Herr ist mein Hirte, mir wird an nichts mangeln."

Der Mensch auch als Alpha-Tier im Hunderudel.

Bewirtschaftung der Landschaft entsprechend ihren Möglichkeiten. Erhalt bewährter Tierrassen und einer in vielen Jahrhunderten durch Nutzung geschaffenen Landschaft; Schutz der Charakterarten dieser Landschaft auch, soweit es die an sie angepaßten Pflanzen- und Tierarten anbelangt. Kurz: Landwirtschaft als kulturelle Leistung.

Und Nutztiere, die artgerecht leben können. Die langsamer heranwachsen dürfen als in der Intensivmast. Die länger leben dürfen bis zur Schlachtung. Deren Fleisch noch den Geschmack von freier Bewegung, von würzigen Kräutern in sich trägt.

Die Timmerbergs arbeiten mit der Metzgerei Wetzel in Orferode zusammen, die auch einen Teil des Fleisches vermarktet. Das geht auf umliegende Wochenmärkte und auch an einige Gastronomen, die damit unter dem Markenzeichen „Meißner-Lamm" köstliche, regionale Gerichte zaubern. Eine „Vermarktung der kurzen Wege" also, die heute leider die Ausnahme bildet. Über die Hälfte des bei uns verzehrten Lammfleisches stammt beispielsweise aus Übersee, hauptsächlich aus Neuseeland. 30 000 km liegen dann zwischen der „Tierproduktion" und unseren Tellern.

Links unten außen sehen Sie ein Leineschaf. Seine Rasse ist gekennzeichnet durch weiße Wolle, einen kahlen Kopf, außerdem durch Beine, die bis zu den Kniegelenken hinauf unbewollt sind. Kahler Kopf und nackte Beine sind eine Anpassung an die dornenbewehrten Gehölze der Magerrasen, denn so bleiben die Schafe beim Fressen und Laufen nicht so leicht hängen.

Einst war das Leineschaf am Meißner und in seinem weiteren Umkreis heimisch. Mit der Aufgabe der Nutzung der Wacholderheiden und Borstgrasrasen, die ihre Entstehung zum erheblichen Teil eben dieser Schafrasse zu verdanken hatten, starb es hier aus. Der Ablauf ist typisch: Die einstigen Hutungen fielen brach, die damit verbundene Schafrasse verschwand. Statt dessen wurden kleine und hängige Ackerflächen in Grünland umgewandelt. Soweit diese fetteren Weiden der Schafhaltung dienten, wurden nun Fleischschafrassen auf Koppeln gehalten, die das fette Grün schnell umsetzten. Übriggebliebene Leineschafe gingen nach dem Zweiten Weltkrieg als Reparationszahlungen nach Polen. Auf ihrer genetischen Grundlage wurde später in Thüringen ein Zuchtprogramm zur Erhaltung dieser alten Rasse aufgelegt. Auf Vermittlung des Forstamtes Hessisch-Lichtenau unterstützten im Jahr 2000 die „Karl-Kaus-Stiftung für Tier und Natur" und die „Gesellschaft zur Erhaltung alter und bedrohter Haustierrassen" die Schäferei Timmerberg beim Erwerb männlicher Leineschaf-Zuchttiere. Diese ersetzten nun die bis dato verwendeten Merino-Zuchtböcke. Auf dem Weg der Verdrängungskreuzung und durch den Zukauf weiblicher Leineschafe wird die bestehende Merino-Landschafherde in eine Leineschafherde überführt. In etwa fünf bis sieben Jahren wird es soweit sein: Auf ihrer ursprünglichen Weidefläche wird eine alte Haustierrasse im Hütebetrieb gehalten, also in überlieferter Wirtschaftsweise, und die Wacholderheiden und Magerrasen in der Karstlandschaft, auf der Hausener Hute und auf dem Bühlchen (großes Bild) werden uns zeigen, wie einst große Flächen unserer Heimat aussahen.

Das Bild unten zeigt Fransen-Enzian.

Anhang

Adressen:

Fremdenverkehrsverband Werra-Meißner-Land e.V.
Nordbahnhofsweg 1 (Landratsamt)
37213 Witzenhausen
Tel.:   05542/958-151
Fax: 05542/958-199
e-Mail: Tourismus.Werra-Meissner-Land@t-online.de
Beim Fremdenverkehrsverband erhalten Sie alle touristischen Auskünfte, Prospekte, Gastgeberverzeichnisse, Freizeit-Tips, Pauschalangebote, Wanderführer und Wanderkarten.

Zweckverband Naturpark Meißner-Kaufunger Wald
Adresse wie Fremdenverkehrsverband Werra-Meißner-Land e.V.

Forstamt Bad Sooden-Allendorf
Waldisstr. 12,
37242 Bad Sooden-Allendorf
Tel.:   05652/9589-0
Fax: 05652/9589-40
e-Mail: FABadSoodenAllendorf@FORST.HESSEN.de

Forstamt Hess. Lichtenau
Sälzerstr. 9
37235 Hess. Lichtenau
Tel.:   05602/9356-0
Fax: 05602/9356-40
e-Mail: FAHessLichtenau@FORST.HESSEN.de

Jugendwaldheim Meißner
Auf dem Gehege (auf dem Meißner, beim Naturfreundehaus)
37235 Hessisch Lichtenau
Tel.:   05602/6374
Fax: 05602/70816
EMail: JWH_Meissner@comundo.de
Waldpädagogik und Umweltbildung durch die Schutzgemeinschaft Deutscher Wald e.V. und das Forstamt Hessisch Lichtenau
Wochenaufenthalte für Schulklassen mit Waldeinsatz und Führungen, Betreuung durch einen Förster
Informationen zu den Jugendwaldheimen in Hessen gibt es unter www.sdwhessen.de

Meißnerhaus – Naturfreundehaus
Direkt auf dem Meißner
Tel.:   05602/2375
Fax: 05602/7615
Ideal für Ferienaufenthalte und Freizeiten, Skilift und Skischule am Haus, 32 Gästezimmer mit Du/WC, beliebte Wandereinkehr, gute Küche und selbstgebackener Kuchen
Für jedermann durchgehend geöffnet

Berggasthof Hoher Meißner
Tel.:   05602/2409
Fax: 05602/70383
Idealer Ausgangspunkt für Wanderungen; Skilift und Loipe in Hausnähe;
Montags Ruhetag

Stadt Bad Sooden-Allendorf
Stadtmarketing / Gästedienst
Landgraf-Philipp-Platz 1 - 2
37242 Bad Sooden-Allendorf
Tel.:   05652/ 9587-11
Fax: 05652/ 9587-13
e-Mail: Touristinfo.BSA@t-online.de

Tourist-Information Eschwege Meißner Meinhard Wanfried
Hospitalplatz 16
37269 Eschwege
Tel.:   05651/ 3319-85
Fax: 05651/ 50291
e-Mail: tourist-information@eschwege.de

Tourist-Information Großalmerode
Marktplatz 18
37247 Großalmerode
Tel.:   05604/9335-26
Fax: 05604/9335-32
e-Mail: Heinrich.Schulte@grossalmerode.de

Verkehrsamt Hessisch Lichtenau
Landgrafenstr. 52
37235 Hessisch Lichtenau
Tel.:   05602/ 807-147
Fax: 05602/ 807-148
e-Mail: Stadt.Heli@KGRZ-Kassel.de

Stadtverwaltung Wanfried
Marktstr. 18
37281 Wanfried
Tel.:   05655/989417
Fax: 05655/989430

Tourist-Information Stadt Witzenhausen
Ermschwerder Str. 2
37213 Witzenhausen
Tel.:   05542/6001-0
Fax: 05542/6001-23
e-Mail: tourist-information@witzenhausen.de

Internet-Adressen:

Die Internetseiten des Kreises und einiger Orte enthalten eine Fülle interessanter Informationen bis hin zur Beschreibung von Stadtrundgängen, Museen etc.

www.werra-meissner.de
www.bad-sooden-allendorf.de
www.eschwege.de
www.grossalmerode.de
www.witzenhausen.de

www.deutsche-fachwerkstrasse.de
www.deutsche-maerchenstrasse.de
Mitgliedsstädte der Deutschen Fachwerkstraße sind: Eschwege, Hessisch Lichtenau, Wanfried; zur Deutschen Märchenstraße gehören: Bad Sooden-Allendorf, Eschwege, Großalmerode, Hessisch Lichtenau, Witzenhausen

Auf der Homepage des Regierungspräsidiums Kassel finden Sie sehr viele interessante Informationen über Nordhessen, darunter auch über Geschichte, Wirtschaft, Verkehr, Natur- und Umweltschutz usw.: **www.rp-kassel.de**

Wandertips Naturkundliche Ausflüge

Beim Meißner trifft der folgende Satz wirklich zu: Es gibt keine Jahreszeit, in der sich ein Besuch nicht lohnte!

Im März und April empfehlen sich vor allem Wanderungen an den Flanken des Berges, etwa über den Weiße-Wand-Weg vom Parkplatz an der Viehhaus-Wiese nach Bransrode oder auf der „Kaiserstraße" von Schwalbental zu den Seesteinen. Besondere Schönheiten sind in diesen Monaten die teilweise großflächigen Blühaspekte von Bärlauch oder Märzenbecher. Die noch kahlen Bäume gestatten Fernblicke, die diese Wege im Sommer nicht mehr bieten.
Ab Mai bis Mitte August locken dann die Wiesen und Moore auf dem Plateau. Fruchtendes Wollgras, blühende Trollblumen, Arnika, Wiesenblumen überhaupt: Bei schönem Wetter erfreuen uns auch die zahlreichen Schmetterlinge. Artenreich und blütenbunt auch die Magerrasen auf dem für seine Orchideen bekannten Naturschutzgebiet Bühlchen bei Weißenbach und die Karstlandschaft bei Frankershausen und dem Naturdenkmal Walper bei Kammerbach.
Ab Mitte September bis in den Oktober können wir abends, von den Parkplätzen auf dem Plateau aus, das Röhren der brunftigen Rothirsche hören.
Wunderschön überhaupt der Herbst, in dem wir auch beobachten können, wie diese Jahreszeit den Hang hinunterzieht: Während an den obersten Hängen schon fast sämtliche Blätter gefallen sind, leuch-

Hundelshausen
Fahrenbach
Roggenberg
BAD SOODEN-
Ahrenberg
Roßkopf
Vollung
Bilstein
Roter See
Steinhausen
Langenberg
Trubenhausen
Hilgershausen
Krückenkopf
Kammerbach
Halbemark
Gesenhagen
B 451
Erbsmühle
Querenberg
Weißenbach
Hasselkuppe
Dudenrode
Eichenberg
Orferode
GROSSALMERODE
Faulbach
Epterode
Uengsterode
Heiligenberg
Berkatal
Frankershausen
Hirschberg
Rommerode
Laudenbach
Brunsrode
Basalt
Frankenhain
Wolfterode
Kasseler Kuppe
Meißner
Rösberg
Steinholz
Gulsberg
Friedrichsbrück
Velmeden
Meinets-B
Heilstätte am Meißner
Viehhaus
Braunkohle
Frau-Holle-Teich
Vockerode
Damm-M
Abterode
Meißnerhaus
Rundfunkstation
Hoher Meißner
Schwalbenthal
Jugenddorf
Halde
Walburg
Langer Steinberg
Hausen
Steinbachs-M
Heiligenberg
Meißner
Skilift
Seesteine
Wildpark
ehem Kloster
Germerode
Gut Mönchhof
HESSISCH LICHTENAU
Kesselberg
Melzberg
Hollstein
Küchen
Wüstung Ichendorf
Rodebach
Lortzengrund
Queck-M
Alberode
Weiß-M
Auf dem Katterberg
Hopfelde
Judenberg
Nieder-M
Finkenberg
Vierbach
Reichenbach
Hasselbach
Rauschenberg
Harmuthsachsen
Dachsberg
Kindelberg
Hegenhausen
Wüstung Rudelshausen
Wickersrode
Große Steine
Sommerberg
Ziegenküppel
Jugendlager
Eisberg
Wollstein
Hornungsberg
Auf dem Katsbach
WALDKAPPEL
Wehre
Mäuseberg
Bischhausen
Honigberg
Weidelbach
Petershöhe
Hetzerode
Mäckelsdorf
Forsthaus Fischbach
Hof Fischbach
Friemen
Unter-M
Kirchhosbach

tet das Laub am Hangfuß noch in den schönsten Farben.
Im Spätherbst und Winter begeistern Tage mit Inversionswetterlage: Bei klarem Licht können Sie von der Kalbe aus das Brockenhaus im Harz erkennen, mit einem besonders guten Fernglas sogar seine Fenster zählen, während die Landschaft an den Füßen des Meißners von Wolken verdeckt ist.
Im Winter dann Schnee und vor allem Rauhreif und Eis.
Während der vielen Nebeltage aber müssen Sie zu den „Kultstätten": Zur Kitzkammer, zu den Seesteinen, zu den Blockmeeren, zur Kalbe. Und auch die Fichtenwälder auf dem Plateau haben dann eine besonders starke Ausstrahlung, wenn die Feuchtigkeit von den Zweigen tropft.
Wenn der Sturm auf dem Meißner heult, sollten Sie sich lieber nicht im Buchenwald aufhalten, um Ihr Risiko zu mindern. Aber auch diese Stimmung gehört zum Meißner – und ist im Umfeld der einladenden Gaststätten auf der Hochfläche so richtig zu genießen.

Um den Meißner wenigstens einigermaßen kennenzulernen, sollte man als Besucher in den Frühlings- und Sommermonaten:
- einmal ausgiebig auf den Wanderwegen rund um das Meißnerhaus die Wiesen erkunden,
- auf einer Wanderung von Schwalbental zu den Seesteinen die urwüchsigen Bergahorn-Eschen-Block- und Schatthangwälder in sich aufnehmen,
- vom Frau-Holle-Teich zur Kalbe hinaufsteigen und von dort vielleicht noch einen Abstecher bis zum Weiberhemd machen,
- in der Dämmerung zu Füßen der Kitzkammer verweilen,
- am Westhang, über Laudenbach, die kleinstrukturierte Heckenlandschaft in sich aufnehmen.
- Viele Eindrücke vom Meißner bietet der 7,5 km lange Rundweg 6: den Frau-Holle-Teich, einen Blick auf das Weiberhemd, die Kasseler Kuppe, die Fichtenforste auf dem Plateau, Struthwiese, Butterwiese, Schwalbental, einen Abstecher zur Kalbe.

Jeweils zum Naturschutzgebiet Bühlchen und zum NSG „Hielöcher" existieren Informationspfade, deren Informationsbroschüren Sie beim Forstamt Hessisch Lichtenau und beim Fremdenverkehrsverband erhalten.
Nicht zuletzt hat mich der Hohlstein beeindruckt, eine im Zechsteindolomit liegende Höhle: Etwa 50 m lang, 28 m breit und 12 m hoch. Sie liegt an der Straße zwischen Hilgershausen und Kammerbach und ist eindrucksvoll genug, daß sich beide Orte um den Namen streiten: Ich fand sie auch unter Hilgershäuser und Kammerbacher Höhle. Als Hilgershäuser Höhle ist sie in die Wanderkarte „Naturpark Meißner-Kaufunger Wald" des Landesvermessungsamtes eingetragen.
Wenn Sie die L 3239 von Dudenrode nach Kammerbach fahren, liegt der kleine Parkplatz gleich links, nachdem Sie die Abzweigung nach Hilgershausen passiert haben. Vom Parkplatz aus sind es nur wenige Schritte. Die Höhle können Sie nur mit Hilfe einer starken Taschenlampe erkunden – ich finde aber auch schon den Eingangsbereich recht imposant.
Ansprechpartner für **geführte Wanderungen** ist der **Werratalverein Eschwege e.V.**, Bernd Schubert, Tel. 05651/4621 oder Gerhard Böcker, Tel. 05652/1237

Museen

Quasi als Appetitanreger finden Sie hier eine ganze Reihe von Museen. Bei Interesse erkundigen Sie sich bitte in den genannten Orten oder beim Fremdenverkehrsverband Werra-Meißner-Land e.V. nach der Adresse und den Öffnungszeiten.

Bad Sooden-Allendorf:
Salzmuseum im Söder Tor
Steinmuseum mit angeschlossener Kunstsilberschmiede
Luditzer Heimatstube, Brunnenplatz 2
Grenzmuseum „Schiffersgrund",
Am Sickenberg

Berkatal-Frankershausen:
Heimatmuseum in der Gemeindeverwaltung

Eschwege:
Eschweger Heimatmuseum
Vor dem Berge 14a
Modell-Bahn-Club, An den Anlagen 8
Sparkassen-Museum, Friedrich-Wilhelm-Str. 40–42

Großalmerode:
Glas- und Keramikmuseum, Kleiner Kirchrain 3
Heimatkundliche Sammlung, Dorfstr. 42

Herleshausen:
Gestütsmuseum Altefeld

Hess. Lichtenau:
Museum des Burgvereins
Heimatkundliche Sammlung
Zum Meinet 1

Meinhard-Schwebda:
Heimatmuseum Meinhard, Lindenanger

Meißner-Germerode:
Waldmuseum im Wild- und Erholungspark

Sontra:
Mühlenmuseum in der alten Mühle, Steinmühlenweg
Dorfmuseum im alten „Boyneburgischen Schloß"

Ringgau:
Boyneburg- und Heimatstube des Heimatvereins Datterode e.V., Am Kirchrain, Ringgau-Datterode

Waldkappel:
Heimatstube in der alten Schule, Bischhausen
Heimatmuseum Waldkappel

Wanfried:
Heimatmuseum und Dokumentationszentrum, Marktstr. 2
Heldra-Dorfmuseum

Weißenborn:
Heimatmuseum

Witzenhausen:
Völkerkundemuseum, Steinstr. 19
Auto- und Motorradmuseum im Erlebnispark, Ziegenhagen

Der besondere Tip

Besucherbergwerk Grube Gustav
Seit dem 16. Jh. haben Bergleute in dem im Höllental, zwischen Albungen und Abterode, gelegenen Bergwerk nach Kupferschiefer gesucht. Ab Beginn des 20. Jh. wurde auch Schwerspat abgebaut. Das 1968 stillgelegte Bergwerk ist inzwischen zum Besucherbergwerk ausgebaut. Öffnungszeiten Dienstag bis Sonntag sowie feiertags von 13.00 bis 16.00 Uhr. Mindestteilnehmerzahl 6 Personen; Dauer einer Führung: etwa eine Stunde. Ganzjährig Gruppen ab 15 Personen und Schulklassen nach Voranmeldung unter Tel.: 05657/7500.
Warm anziehen! Im Berg ist es ganzjährig 10 °C.

Meißner-Lamm
Bei Ihren Ausflügen in die regionale Gastronomie sollten Sie auf das Markenzeichen „Meißner-Lamm" achten. Nicht nur, weil die an seiner Vermarktung beteiligten Wirte und Köche aus dem hochwertigen Fleisch auch höchsten lukullischen Genuß zaubern, sondern auch, um den besonderen Einsatz der Hüteschafhaltung zu würdigen und sich für den Reiz der so genutzten Landschaft zu bedanken.
Während dieser Text geschrieben wird, sind uns folgende Gastronomen bekannt, die das Meißner-Lamm auf ihrer Karte anbieten:
Berggasthof Hoher Meißner
Hoher Meißner, 37235 Hess. Lichtenau, Tel. 05602/2409, Fax 05602/70383
Schinkel's Brauhaus
Burgstr. 20, 37217 Witzenhausen
Tel. 05542/911210
Gasthaus Schindewolf
Berkastr. 71
37297 Berkatal-Frankershausen
Tel. 05657/1081, Fax 05657/7215
Natürlich gibt es Meißner-Lamm auch direkt bei *Familie Timmerberg*,
Kirchrain 4
37242 Bad Sooden-Allendorf Dudenrode, Tel. 05604/7958 (ganze Lämmer auf Bestellung) und bei
Metzgermeister Werner Wetzel
Hinter der Kirche 8, Tel. 05652/1480 aus Orferode auf den Wochenmärkten in Eschwege, Großalmerode und Wanfried. Gern stellen wir neu hinzukommende Anbieter (und auch evtl. hinzutretende Wanderschäfer) kurzfristig auf unserer entsprechenden Website ins Internet.

Wildpark in Germerode
In diesem Wildpark finden Sie vor allem heimische Tierarten. Familien sind vom Waldwichtelhaus, dem Erlebnismuseum und dem Abenteuerspielplatz begeistert. Schöne Anlagen.

Waldlernpfad Frau-Holle-Teich
Der 1995 fertiggestellte Pfad beginnt und endet am Frau-Holle-Teich. Er besteht aus 14 Infotafeln mit jeweils direktem Bezug zum Standort und behandelt Natur- und Umweltthemen.
Wegen der z. T. starken Steigungen und Treppen wird festes Schuhwerk empfohlen. Mit einem Abstecher zu einem Aussichtspunkt auf der Kalbe sollten für den 2,5 km langen Pfad zweieinhalb Stunden eingeplant werden.
Weitere Auskünfte erhalten Sie beim Forstamt Hess. Lichtenau und beim Naturpark Meißner-Kaufunger Wald.
Bei Interesse an **Gruppenführungen:**
Hessisches Forstamt Hess. Lichtenau

Steckbrief der Schlangen im Werra-Meißner-Kreis

Kreuzotter
Sehr selten. Den Rücken entlang verläuft ein typisches, durchgehendes, dunkles Zickzackband; kurzer, gedrungener Körper mit gekielten Schuppen; vom Hals deutlich abgesetzter Kopf; senkrecht geschlitzte Pupille mit oranger Iris; bis 80 cm; Schonungen, Schneisen und Freiflächen im Wald sowie Saumbereiche; mäßig giftig

Ringelnatter
Oberseitig meist einfarbig oliv, grau oder braun, selten mit dunklen Sprenkeln oder Strichelzeichnung, gekielte Schuppen; gelbe, halbmondförmige Sicheln am Hinterkopf heben den deutlich vom Hals abgesetzten Kopf hervor: Pupillen rund; 85 cm, nur ausnahmsweise bis 150 cm; besiedelt verschiedenste, meist feuchte Lebensräume (Ufer, Auen, Feuchtgebiete, Wiesen, Niederwald, Steinbrüche und Kiesgruben) meist in Gewässernähe; ungiftig

Schling- oder Glattnatter
Oberseitig braun, grau oder oliv, meist mit ein oder zwei mehr oder weniger ausgeprägten Reihen dunkler Flecken entlang der Flanken, niemals durchgehend als Zickzackmuster ausgeprägt; schlanker Körper; glatte Schuppen; Kopf kaum vom Hals abgesetzt; runde Pupillen; bis 70 cm; wird häufig mit der Kreuzotter verwechselt; südexponierte, sonnenbegünstigte, trockene Biotope (Mager- bzw. Trockenrasen, Bahndämme, Straßenböschungen, Gärten, Weinberge); ungiftig

Landkarten:

Hoher Meißner – Eine Wanderkarte
Wanderkarte auf der Basis einer Luftbildkarte im Maßstab 1:10 000 mit eingetragenen Routen und zahlreichen interessanten Punkten. Zusätzlich eine geologische und eine Vegetationskarte.
Herausgeber: Regional-Netz e.V., Alter Bahnhof, 37269 Eschwege
Tel. 05651/96157, Fax 05651/ 96165
7,80 DM

Fritz Hotzler: Wanderführer Meißner
Herausgegeben vom Zweckverband Naturpark Meißner-Kaufunger Wald 4. Auflage 1991. Die handliche Broschüre beschreibt unter anderem 13 Rundwege, die in einer kleinen, aber guten, dem Heft beiliegenden Wanderkarte eingetragen sind. 5,- DM

Hessisches Landesvermessungsamt Naturpark Meißner-Kaufunger Wald
Topographische Karte 1:50 000 mit Wander- und Radwanderwegen. 12,80 DM

Literatur

Folgende Bücher und Broschüren dienten als Informationsquellen:

Gerwin Bärecke:
Zauberland der Orchideen. Naturkundliche Streifzüge im Werraland
© 1989 Eigenverlag Gerwin Bärecke, Goslar

Wolfram Brauneis:
Verzeichnis der Vogelarten im Werra-Meißner-Kreis mit den Angaben zum Gefährdungsgrad. Schriften des Werratalvereins Witzenhausen, Heft 34 – 1997
Selbstverlag des Werratalvereins Witzenhausen

Manfred Lückert, Eckart Krüger:
Der Meißner und das Höllental Aus der Geschichte einer sagenumwobenen Landschaft. Mensch und Natur zwischen Werra- und Gelstertal.
Druck- und Verlagshaus Hans Meister KG, Kassel 1988 (vergriffen)

Hans Pfalzgraf:
Die Vegetation des Meißners und seine Waldgeschichte
Ausgegeben am 15.3.1934 in der von Prof. Dr. phil. Friedrich Fedde herausgegebenen Reihe „Repertorium specierum novarum regni vegetabilis", Beihefte / Band LXXV.
Verlag des Repertoriums, Dahlem, 1934 (vergriffen)

Regierungspräsidium Kassel, Abt. Forsten und Naturschutz:
Gesamt-Pflegeplan NSG Meißner.
Geltungszeitraum: 1988–1997

Alexander Scriba:
Der Meißner
Zusammenstellung von Texten, die ursprünglich für die VHS Eschwege erstellt wurden

Prof. Wilhelm Ulrich:
Der Meißner
Werra-Verlagsgesellschaft m.b.H., Eschwege, 1949 (vergriffen)

Die Bildautoren

Horst Ackermann: 60 beide
Claus Chwalczyk: 18; 26 Mitte; 33 beide (4)
Dr. med. Michael Kitzig: 22
Herwig Klemp: 6 Mitte; 8 u. li.; 11 o.; 13; 14; 16; 25; 38 o.; 48 beide (10)
Marco Lenarduzzi: 8 u. re.; 10; 15; 23; 28 li. o.; 29 u.; 30 u.; 31 alle vier; 32 beide; 34 o.; 34 u. re.; 36 beide; 37; 39 u.; 46 Mitte; 47 alle drei; 51 u.; 52 beide; 54 li. o.; 54 re. u.; 55 li. o.; 55 u.; 56 alle vier; 57 beide; 58; 59; 61 o.; 62; 63 alle drei; 64; 65 beide; 66 alle drei; 67 beide; 69; 72; 73 alle vier; 74; 75 beide; 76; 77 beide; 78 alle drei; 79 alle drei; 80 beide (93)
Michael Liewer: 2; 3; 30 o.; 34 u. li.; 42 alle drei; 44 alle vier; 45 beide; 46 o.; 46 u.; 49 li.; 70 u. (18)
Klaus-Peter Reiner: 68; 70 o. (2)
Karin Rühling / Stadt Bad Sooden-Allendorf: 8 o.; 9 o. (2)
Josef Schnaubelt / Foto-IG Bad Sooden-Allendorf: 9 u.
Gerhard Schulz: 53 u.
Günther Schumann: 26 o.
Alexander Scriba: 26 u.
Tourist-Information Eschwege Meißner Meinhard Wanfried: 6 o.; 7 u. li.; 85 (3)
Duncan Usher: Titel; 4; 5; 11 u.; 17; 19; 20 beide; 21; 27; 28. re. o.; 28. u.; 29 o.; 35 beide; 38 u. li.; 38 u. re.; 40; 41; 49 re.; 50; 51 o.; 53 o.; 54 re. o.; 54 li. u.; 55 re. o.; 71; 81 beide (30)
Johann Waskala: 39 o.; 43 (2)
Archiv Werra-Rundschau: 61 u.
Wolfgang Zerbst: Rückumschlag

Die Autoren

Herwig Klemp

Geboren am 8.6.1949 in Vlotho/Weser. Der Dipl.-Psychologe machte 1977 einen Teilbereich seines ehrenamtlichen Engagements zum Beruf und spezialisierte sich auf Öffentlichkeitsarbeit für Naturschutz. Zunächst arbeitete Klemp als Mitarbeiter der Naturschutzgesellschaft Schutzstation Wattenmeer e.V., zuletzt als Leiter bundesweiter Naturschutzkampagnen beim Bund für Umwelt und Naturschutz Deutschland (BUND) e.V.
1980 konzipierte er die Kampagne „Mehr Natur in Dorf und Stadt" und verfaßte und verlegte zu dieser Aktion sein erstes Buch, das sich mit 25 000 verkauften Exemplaren zum Bestseller mauserte.
1987 gründete er eine Werbeagentur im Bereich „Kommunikationsdesign Umwelt", 1995 den Verlag Herwig Klemp.

Marco Lenarduzzi

Geboren am 27.6.1966 in Plochingen am Neckar als Sohn italienischer Einwanderer.
Schon in seinem 12. Lebensjahr befaßte Lenarduzzi sich mit der Natur und ihrem Schutz. Seine Interessen ließen ihn eine Ausbildung zum Forstwirt beginnen. Nachdem er den Beruf einige Jahre ausgeübt hatte, bildete er sich auf dem zweiten Bildungsweg fort und studierte anschließend in Göttingen Forstwirtschaft.
Seit 1995 arbeitet Lenarduzzi am Meißner. Als Forstoberinspektor füllt er eine Funktionsstelle für Naturschutz beim Landesbetrieb Hessen Forst aus. In dieser Funktion betreut er die Naturschutzgebiete, die in die Zuständigkeitsbereiche der Forstämter Bad Sooden-Allendorf und Hessisch Lichtenau fallen, auch die in Witzenhausen, die räumlich zum Meißner gehören. Ebenso ist er forstlicher Berater für den Naturpark Meißner-Kaufunger Wald.
Schon diese Arbeitsfelder zeigen, daß Lenarduzzi seinem früh begonnenen Engagement treu geblieben ist. Darüber hinaus hat er sich an der Meerenge von Messina, auf sizilianischer Seite, für den Schutz durchziehender Greifvögel, Störche und anderer Vogelarten eingesetzt. Im Rahmen eines zunächst italienisch-deutschen, dann multinationalen Projektes ging es darum, durch aktiven Einsatz, Kooperation mit der Forstpolizei und durch Öffentlichkeitsarbeit den Abschuß der Zugvögel durch „Sportschützen" zu unterbinden.
Von Marco Lenarduzzi stammen die Kapitel über die Waldwiesen und ihre Schmetterlinge, über den Rothirsch sowie der gesamte Teil über die Karstlandschaft, die Magerrasen, die Hüteschafhaltung und die modernen, naturschutzfachlichen Beweidungskonzepte.

Dank

Mit den Förstern a.D. **Claus Chwalczyk** und **Alfred Dilling** fand ich zwei herausragende Fachleute als Berater:
Claus Chwalczyk war ehemals Standorterkunder/Forsteinrichter und kennt fast alle Waldstandorte in Nordhessen wie seine Westentasche. Sein Metier erforder-

te die intensive Auseinandersetzung mit der Geologie, dem Waldboden und dem Klima der Waldstandorte. Daneben war er auch von der Suche nach alten menschlichen Spuren im Wald begeistert. Alfred Dilling war über 30 Jahre lang Revierförster am Meißner. Darüber hinaus war er Spezialist für Naturschutz und hat in dieser Funktion hessenweit agiert – und verfügt dadurch über Vergleichsmöglichkeiten weit über die lokalen Verhältnisse hinaus.

Beide sind auch nach ihrer Pensionierung noch sehr aktiv und engagiert – und deshalb muß ich um so mehr für die Bereitschaft danken, mich durch den Wald zu führen und Manuskripte durchzusehen. Meine ersten Entwürfe über Waldgesellschaften am Meißner waren in den Augen dieser Spezialisten echte Katastrophen, und mit viel Geduld und Einsatz ihrer wertvollen Zeit haben sie mich auf den richtigen Weg gebracht. Wenn andererseits ein forstlicher Laie und nicht die um ihn versammelten Spezialisten die Kapitel schrieben, so nur, weil ein selbst um Erkenntnis ringender Autor die Schwierigkeiten interessierter, aber nicht speziell vorgebildeter Leser nur zu gut vor Augen hat.

Einen großen und herzlichen Dank auch an Förster **Marco Lenarduzzi** für die engagierte, kooperative und freundschaftliche Zusammenarbeit am Konzept und den Texten, für die vielen Tips, Einschätzungen und angebahnten Kontakte; auch für die Bereitschaft, immer wieder seine freie Zeit zu opfern, um noch benötigte Fotos zu erstellen, neue Unterlagen zu beschaffen.

Bei der Fülle der Themen stießen selbst diese kenntnisreichen Berater manchmal an ihre Grenzen. Deshalb war es immer wieder nötig, weitere Spezialisten zu befragen und teils auch um kritische Durchsicht einzelner Kapitel zu bitten. Unser herzlicher Dank geht an:

Ernst Baier aus Witzenhausen, der wie kein anderer die Welt der Moose, Farne und Flechten auf dem Meißner kennt; **Wolfram Brauneis** von der Hessischen Gesellschaft für Ornithologie und Naturschutz (HGON), hier in seiner Funktion als einsatzfreudiger, ehrenamtlicher Spezialist zum Schutz und zur Auswilderung von Wanderfalken; **Dr. med. Michael Kitzig**, Vorsitzender des Fördervereins Grube Gustav e.V. als kenntnisreichen Fachmann zur Geologie und zum Bergbau am Meißner; **Dr. Karl Kollmann**, Stadtarchivar in Eschwege, als hervorragenden Kenner der Sagenwelt im Werra-Meißner-Land; **Harald Nicolay** von der Arbeitsgemeinschaft Amphibien- und Reptilienschutz in Hessen e.V. (AGAR) als profunden Kenner auch der Situation der Kreuzotter am Meißner; **Sieglinde und Lothar Nitsche** mit ihrem breiten Wissen über die Natur und ihren Schutz, nicht nur erworben durch die Herausgabe des „Jahrbuch Hessischer Naturschutz".

Unser herzlicher Dank geht auch an **die Bildautoren**, ohne deren wunderbare Fotos das Buch nicht die Hälfte wert wäre, und an **Karin Rühling** vom Stadtmarketing/Gästedienst der Stadt Bad Sooden-Allendorf sowie die Damen **Jutta Jünemann** und **Kornelia Reitemeyer-Dietzel** der Tourist-Information Eschwege, Meißner, Meinhard, Wanfried, die uns freundlich und umgehend noch benötigte Dias herausgesucht haben.

Frau **Daniela Herzog** war so nett, Teile des Manuskriptes auf Stil und auf Verständlichkeit für den Laien zu überprüfen, und einmal mehr hat der ehemalige Abteilungsleiter Naturschutz im Hessischen Ministerium für Umwelt, Landwirtschaft und Forsten und auch nach seiner Pensionierung noch Zweite Vorsitzende der Stiftung Hessischer Naturschutz, **Dietrich Kaiser**, die Inhalte auf Schwächen und Fehler durchgesehen. Bleibt zu hoffen, daß bei soviel freundlicher Unterstützung und Sachverstand wieder ein hochwertiges Buch in der Reihe „Natur in Hessen" entstanden ist, über das auch seine Unterstützer uneingeschränkt freuen können. Zu diesen Unterstützern zählen einmal der **Werra-Meißner-Kreis** und die **Gemeinden Berkatal** sowie **Meißner**, die uns etliche Exemplare zum Endpreis abgekauft haben, um sie an Jubilare und andere VIPs zu verschenken; außerdem der **Verein für Regionalentwicklung Werra-Meißner e.V.** in Eschwege, der uns einen Zuschuß gab.

Unser ganz besonderer Dank geht an **NOLTINA**, also die Carl Nolte Söhne GmbH und ihren Geschäftsführerer **Wilfried Liphardt**. Das Unternehmen wie auch sein Geschäftsführer haben kurzentschlossen die Mehrkosten aufgefangen, die uns entstanden waren, indem wir bei Recherchen und Texten nicht so sehr auf die Uhr schauten, sondern Qualität anstrebten.

Genau dafür hat man bei NOLTINA Verständnis, denn bedingungslose Qualität hat das 1877 gegründete Familienunternehmen nicht nur zum größten Arbeitgeber der Region, sondern auch zu einem weltbekannten Unternehmen gemacht, das seine hochwertigen Schmelztiegel zu 65% exportiert – in mehr als 100 Länder der Erde.

Bei ihrer Gründung fand die Firma Nolte alle zur Herstellung ihrer Tiegel benötigten Rohstoffe am Meißner vor: Ton, reinen, feuerfesten Quarzsand, Holz und Braunkohle. Vielleicht schon daher fühlt sich das Unternehmen dem Schutz unserer natürlichen Umwelt besonders verbunden. Um diese bestmöglich zu schonen, investierte das Management viele Millionen. In Zusammenarbeit mit dem Umweltbundesamt hat es beispielsweise eine völlig neue Rauchgas-Reinigungs- und Wärmerückgewinnungsanlage konstruiert und an seinem 50 m langen Tunnelofen installiert. Mit dieser Anlage werden Schadstoffe aus dem Verbrennungsprozeß in den Ofen rückgeführt und verbrannt. Dabei geben die Abgase nochmals Energie ab. Die verbleibenden, noch sehr heißen Gase werden danach zur Trocknung der Tiegel genutzt. Diese in Europa einzigartige thermische Nachverbrennungsanlage liegt mit ihren Werten fast 80% unter der gültigen TA-Luftverordnung und wurde vom Umwelt-Bundesamt prämiert.

Agentur und Verlag
Herwig Klemp
Im Ort 2
26203 Wardenburg (Tungeln)
Tel.:   0 44 07 / 7 176 71
Fax: 0 44 07 / 7 176 72
Herwig.Klemp@t-online.de
www.herwig-klemp.de

Die Reihe „Natur in Hessen"

Hoffentlich hat Ihnen dieses Buch etwas gegeben: Freude beim Betrachten der Bilder und Aha-Erlebnisse, auch einmal ein Staunen beim Lesen. Wenn es außerdem Ihre Begeisterung für den Hohen Meißner und die Karstlandschaft zu seinen Füßen vertieft und Sie auf weitere Informationen und Entdeckungen neugierig gemacht hat, dann hat es aus Sicht des Herausgebers schon viel erreicht.

Darüber hinaus möchten wir für die Natur und Landschaft der Region und für ihren Schutz werben, auch Anerkennung wecken für die vielen Persönlichkeiten, die in Verbänden, Gremien, Behörden und anderen Institutionen, manchmal auch im Alleingang, für den Erhalt dieser Landschaft und ihrer natürlichen Reize gestritten haben.
Wenn unser Buch zeigt, daß wir dem Naturschutz viel zu verdanken haben – dann hat es seinen Sinn und Zweck im Rahmen der Buchreihe „Natur in Hessen" voll erfüllt.

Die Bücher der Reihe „Natur in Hessen" werden herausgegeben von der **Stiftung Hessischer Naturschutz**, Hölderlinstr. 1–3, 65187 Wiesbaden. Format jeweils 26,0×20,5 cm; Umfang zwischen 80 und 96 Seiten; jeweils zwischen 140 und 160 Farbfotos und mit einer oder mehreren Landkarten. Produktion und Vertrieb über den Verlag Herwig Klemp.

Sonnenhänge – Schattenreiche
Streifzüge durch Rheingau und Wisper-Taunus

Konzept/Text: Herwig Klemp
Fotos: Norbert Bretschneider, außerdem Berthold Gippert und Kurt L. Mayer u. a.
Hardcover DM 29,80 / ab 2002: € 15,24
ISBN 3-931323-07-2

Der Atem der Auen
Streifzüge durch Kühkopf und Knoblochsaue

Konzept/Text: Herwig Klemp
Fotos: Herbert Zettl u. a.
Beratung: Ralph Baumgärtel
Broschüre DM 19,80 / ab 2002: € 10,12
ISBN 3-931323-02-1

... und geh zur Rhön hinauf
Streifzüge durch ein Biosphärenreservat

Konzept/Text: Herwig Klemp
Fotos: Jürgen Holzhausen u. a.
Broschüre DM 19,80 / ab 2002: € 10,12
ISBN 3-931323-04-8

Reinhardswald und Diemel-Land
Unterwegs in Dornröschens Heimat

Konzept/Text: Herwig Klemp
Fotos: Günther Schumann u.a.
Hardcover DM 29,80 / ab 2002: € 15,24
ISBN 3-931323-08-0

Und im Internet geht's weiter

Auf unserer Homepage finden Sie Seitenauszüge und Leseproben der bereits fertigen Bücher; außerdem eine Vorschau auf die Gesamtreihe „Natur in Hessen". Als schnelles Medium bietet das Internet zudem die Möglichkeit, Anregungen unserer Leserinnen und Leser, aktuelle Informationen, Wander-Tips und Exkursionsangebote, zudem Korrekturen, geänderte Adressen von Ansprechpartnern oder neue Öffnungszeiten von Museen ins Netz zu stellen.

Besuchen Sie uns:
www.herwig-klemp.de